U0031629

一筆一劃
減壓正念筆記

心のモヤモヤを書いて消す
マインドフルネス・ノート

木蔵Shafe君子
荻野淳也
正念領導力機構
著

卓惠娟
譯

寫給忙到連休息時間都沒有的你

　　你的內心，當下是否對什麼事情感到煩躁不安？

　　是因為煩惱自身的問題，例如工作，職涯規劃，與上司、下屬和同事間的人際關係，以及與父母、孩子、伴侶的相處。或是擴大範圍來看，不安的原因來自思索日本社會的未來、世界各地發生的事件、地球環境永續發展的可能性……等等問題。

　　身處複雜多變的現代社會，我們被迫面臨許許多多的問題。

　　幾乎每天都有令我們煩心的事情，想保持腦袋清晰去認真處理每一件事，並不容易。

　　「總是為了麻煩的人事物感到煩躁。」

　　「但每天都這麼忙碌，連撥出解決問題的時間都沒有。」

　　「如果要一一面對這些問題，根本無法應付每天的生活及工作。」

　　「其實我也很希望工作及人生都能更充實。」

　　相信許多人內心雖然有這些想法，卻依然日復一日地過著一成不變

的生活。

　本書正是為了那些對生活與工作感到有點倦怠的現代人，解說名為「正念書寫」的方法及訣竅的一本「筆記」。

　透過動手寫下來，藉由書寫冥想的方式，讓正念思考成為習慣，徹底消除你內心的煩憂。

　許多嘗試過正念書寫的人表示，雖然方法很簡單，卻能達到以下的效果：

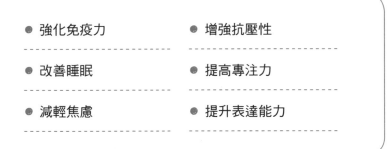

- 強化免疫力
- 增強抗壓性
- 改善睡眠
- 提高專注力
- 減輕焦慮
- 提升表達能力

　寫作本書的我們，來自日本「正念領導力機構」（全名Mindful Leadership Institute，以下簡稱MiLI），從二〇一三年開始針對企業人士，提供以正念書

寫為核心的各項內容（書籍、文章），舉辦講座、體驗課程、訓練指導等活動。

當時「正念」（Mindfulness）這個詞彙還沒什麼人知道，後來被美國 Google 總公司採用，並在公司內部舉辦「搜尋內在自我」講座（Search Inside Yourself），雖然獲得好評，依然鮮少人知。

現在不但媒體經常引用這個詞彙，人們學習正念思考的機會也比過去大為增加，甚至在企業界的高階主管，或頂尖運動選手等許多業界之中已普遍風行。

但是，在許多人的既定印象中，依舊認為正念思考似乎很難，或誤以為靜坐冥想就是正念思考，甚至有執行的門檻很高的錯誤印象。

其實針對正念書寫所設定的目標，一天只需五分鐘左右動筆寫下想法。由於實踐起來極其容易，我們每次在 MiLI 舉辦的體驗課程都能廣獲學員好評。

我們費心編寫的內容，是為了讓讀者不必特地參加體驗課程，就能在日常生活中輕鬆實踐。

本書的主要架構，是以「疼惜自己」（對自己的同理心、慰藉的心／Self-compassion），以及「提升自我覺察的能力」（認識自我／Self-awareness）為核心，這兩者同時也能達成正念效果。而正念書寫的主題，則是旨在消除三十歲以上的企業人士與社會人士日常面對的煩惱（職涯、人生方向、人際關係）。

正念書寫為你帶來的力量強大到足以改變你的人生。

衷心期盼各位能藉由靈活運用本書，消除內心的煩躁，不論工作或人生都能越來越充實。

木藏Shafe君子

荻野淳也

正念領導力機構

令和四年(2022年)三月

目錄

暖身 ━━━━━━━━━━━━━━━

從每天5分鐘的正念書寫開始

PART **1** ━━━━━━━━━━

透過自我疼惜，重獲自信與能量

PART 2

提高自我覺察的能力
職涯、工作篇

正念筆記

PART **3**

提高自我覺察的能力
工作與生活平衡篇

正念筆記

PART **4**

提高自我覺察的能力
人際關係、連結篇

正念筆記

追蹤檢查表

把每天的書寫透過追蹤軌跡可視化，更有助於習慣的養成。

			CHECK!
第 1 週	DAY 1	第1週的第一次正念書寫	☐
	DAY 2	正念所帶來的雀躍感與能量	☐
	DAY 3	究竟為什麼「此地此刻」才重要	☐
	DAY 4	自我肯定與體貼自己	☐
	DAY 5	認識情緒的真面目	☐
	DAY 6	當內心煩躁時，清一清腦袋裡的垃圾	☐
	DAY 7	第1週的回顧	☐
第 2 週	DAY 8	第2週的第一次正念書寫	☐
	DAY 9	為了擁有自信的必要思維	☐
	DAY 10	因為不了解自己而感到不安時，就是一鳴驚人的前兆	☐
	DAY 11	與來自性別、年齡的壓力和平共存	☐
	DAY 12	面對自卑感的方法	☐
	DAY 13	認識隨著年齡而磨鍊出來的特質	☐
	DAY 14	第2週的回顧	☐
第 3 週	DAY 15	第3週的第一次正念書寫	☐
	DAY 16	填補心靈能量的特效藥	☐
	DAY 17	「上班憂鬱」所隱藏訊息	☐
	DAY 18	重新檢視工作的步調	☐
	DAY 19	當你想著「究竟為了什麼而工作」時	☐
	DAY 20	更新你的工作價值觀	☐
	DAY 21	第3週的回顧	☐
第 4 週	DAY 22	第4週的第一次正念書寫	☐
	DAY 23	給雖然有想做的事，卻無法踏出第一步的你	☐
	DAY 24	即使有人對你說「把興趣當工作」	☐
	DAY 25	擔心一旦休息就會拖延工作，而在不知不覺中逞強	☐
	DAY 26	重新找回「以自己為標準的你」	☐
	DAY 27	你可以儘管自豪的真正原因	☐
	DAY 28	第4週的回顧	☐

暖 身 ▶▶▶

從每天5分鐘的

正念書寫開始

利用每天5分鐘「面對自己的時間」來消除煩躁

有很多人在工作上或生活中，感到煩躁不安吧？或許應該反過來說，沒有因為不安而感到煎熬的人，可能是少數。

比方說，意外聽到有人對你說了不中聽的話，或是從以前就煩惱著希望能再長高一些，又或者早上起床時，莫名地感到身體不適，心情不佳。

煩躁的原因族繁不及備載。

為了消除這類煩躁的情緒，近年來受到全球注目的應對方式就是「正念」（mindfulness）。關於正念，有許多不同的詮釋，我們MiLI（正念領導力機構）提供給學員的說明，則是**確實覺察「此地此刻」的狀態。也就是說，必須面對自己，了解自己處在什麼樣的狀態。**

接著，每天利用5分鐘與自己面對面的時間，消除煩躁不安的情緒。

正念是「心靈的鍛鍊」

為了保持正念所指的確實覺察「此地此刻」狀態，有形形色色的訓

練方式，其中最廣為人知的方法，就是正念冥想。

正念冥想是透過專注的呼吸，全心全意聚焦在身體的感受上。

這麼做可以讓思緒淨空。**我建議花5到10分鐘來進行正念冥想，效果最佳，但即使只要閉上眼睛1分鐘，專注在呼吸上，也能讓思緒淨空。**

只要養成習慣，當你進入更高的層次，只需一個呼吸，就能消除煩躁，專注在「此地此刻」。

像這樣透過刻意的專注練習，更容易達到正念狀態，進而幫助人在工作上面對競爭或壓力時也能達成預期的目標，因此廣受科學家及知名企業的高階主管好評，甚至被頂尖運動選手作為心智訓練的方法。

正念冥想就這樣透過人們實踐的經驗，進一步擴展到世界各地。

任何人都可以在任何地方
做到正念冥想

看到這裡，或許有人會感到氣餒，認為要達到正念狀態似乎很難。

然而，**正念冥想絕非是知名企業的高階主管或頂尖運動選手的專利；也絕對不是什麼特殊技能，而是任何人可以在任何場所做到的練習。**

說得簡單一點，只需稍微專注於呼吸就可以了。

只不過，大多數人平時經常難以集中精神。

近年來，我們所處的環境中，龐雜紊亂的資訊不斷襲來，必須處理的人事物有增無減。

當然也有可能因為被這些事物奪走了心力，導致無法專注心神在呼吸上。

可以說，正是因為現代生活步調忙碌，正念冥想因而遍及各界，受到注目。

「正念」是什麼樣的感受

那麼，處於正念的狀態，具體來說又是什麼樣的情況呢？

簡單來說，就是**身心完全放鬆**，**專注在眼前事物的一種狀態**。

請試著想像一下。

經過了一夜好眠，在天色朦朧之際起床，當晨曦乍現時充滿期待，感受到嶄新一天的美好。

走進草木蓊鬱，綠意盎然的森林，聆聽蟲鳴鳥叫或清風拂過樹梢的自然聲響。

與重要的人坐在一起，側耳聆聽對方輕聲與你談天說地。

這些時光帶給你的感受，就是置身於正念的狀態。

什麼是「正念書寫」

進行冥想、眺望朝陽、聆聽眼前重要的人說話等，要達到這些正念狀態有許多不同的方法。

除了正念冥想之外，近年受到注目的方法則是正念書寫。

所謂正念書寫，是指「寫出正念」。

具體做法後面會再詳述，簡單說就是在限定的時間內，針對某個主題不間斷書寫的功課。這是一種透過注意自身當下的狀態，把內心浮現的想法原封不動寫下來的作業。現在海外某些知名大學的課堂，也會採用正念書寫。

前面說過，**正念就是確實覺察「此地此刻」的狀態。而正念書寫則是覺察當下自身的狀態，並且寫成文字的作業。只需有紙筆就可以在任何地點、任何時刻付諸行動。**

「手寫」的神奇效果

或許有人會這麼認為：「如果只是要文字化，也可以使用電腦或手機打出來啊。」

或是納悶：「這與平時在腦中思考有什麼差異？」

手寫有其重要的意義。

有關為什麼必須手寫，這裡先說明其中兩個理由。

第一，透過所花的時間達到深入的洞察。

人把感受形諸文字時，「直接在腦中思考」、「使用電腦輸入成文字」，和「動手書寫」在速度上有所不同。想必大家都能明白，這三種方式當中，速度最慢的就是手寫。

當我們思考某件事，**如果光是以腦袋思考，形成文字的速度過快，得到的答案容易陷入某種慣性思維。**

如果能刻意動手寫下來，無法迅速得到答案，反而能令我們思索「事情真的是這樣嗎？」、「我真的這麼想嗎？」，因此達到更深入的洞察。

第二，手寫具有讓我們更加認清「什麼才最重要」的效果。

連接腦和脊髓的腦幹中，有一種名為「網狀活化系統」（Reticular activating system, RAS）的構造。它就像一層濾網，具有篩選必要資訊，只傳達必要內容的功能。若是缺乏這個功能，人每天接觸的資訊將如洪水般在腦中氾濫成災。

動手書寫能夠讓大腦的這個部位更活躍，更確實釐清何為有用的資訊。

另外，我們在 MiLI 教授正念書寫時，也得到學員回饋以下的感想：「第一次試著透過手寫把想法以文字表現出來，這個方式能夠更清楚呈現出腦中的想法。」

雖然動手書寫並不是一件很困難的事情，卻具有能更加明確感受到

自身思考及情緒狀態的效果。

找回覺察與同理心的能力

　　透過正念書寫，覺察內心真正的情緒，也就能對自己產生同理心。

　　這麼一來，對於家人、同事，以及你重視的人，你也更容易理解他們的心情，拉近與他們的距離。

　　舉例來說，你在餐廳吃了一盤美味的咖哩飯，你希望與他人分享你的感受。但是，如果你不明白「為什麼覺得好吃」的理由，要與他人分享就不是一件容易的事。也許是使用的香料種類很多令你覺得好吃，又或是因為添加許多蔬菜令你覺得很健康。

　　唯有確實覺察自己真正的感受，才能清楚地告訴他人感想，並因此產生同理心。

　　這些感受與喜怒哀樂等情緒相同。當你更仔細玩味當下懷有的情緒，並極盡所能去感受，就能把自己的想法具體傳達給別人，覺察他人的情緒，並因而產生同理心。

　　「原來是如此的悲傷啊」、「不需要氣成這個樣子」等這些自身的體驗，將發展為想像他人情緒而產生同理心的能力。

從自我覺察到自我疼惜

像這樣仔細去觀察自己就是「自我覺察」（Self-awareness），對自己建立同理心則是自我疼惜（Self-compassion）。

所謂「自我覺察」，簡單來說，就是清楚認識自己的模樣。你所重視的價值觀，以及你無論如何都想貫徹的意念、期盼變成某個形象的願景等等，這些就是活出自我的軸心。

有些或許立刻就能覺察，但我認為最重要的是日積月累，一一去覺察每一個情況，更能明白什麼模樣才是像你自己。

正念有時也是觀照自己原本的模樣。

藉由正念書寫，你能夠在沒有先入為主的成見下去面對自己。透過這個方式，應該能讓心情從「我究竟在幹什麼」、「這樣實在很糟糕」，轉變為「不，當時確實無可奈何」、「那件事確實令我很痛苦」，去面對真實的自我。

腦科學並沒有把掌控理解情緒的大腦部位，區分成「為自己」或「為他人」的用途。因此，若是能更深入感受自己的痛苦與煎熬，也就能更進一步深刻理解他人的痛苦與煎熬。

先從覺察自我開始，其次再藉由對自己建立同理心，就能進而更容易對他人產生同理心。

本書使用方法及正念筆記的寫法

一開始先寫下日期並標記當下的心情（😊）。

接著，閱讀我們在各個主題給你的指引，並透過正念書寫記下你閱讀時覺察到的事情。我們的用意在於，透過這個方式，即使只是短時間，也會讓思考模式產生變化，更容易獲得嶄新的覺察。

每個主題指引的內容，有些能引起你共鳴，有些激不起你思緒的一絲漣漪，但不論哪一種情況，希望你都能透過正念書寫來思考：「如果是我，我會怎麼樣呢？」成為你誠實探索自我的契機。

讀了指引後，就開始寫正念筆記吧！

每個人採取的正念書寫方式可能有所不同，例如：20分鐘完全不休息持續書寫、開始書寫前先做暖身操、寫完以後保留一段省思時間，等等。但在每天繁忙的生活中，有人可能光是要保留這樣的時間都有困難。

因此，以下介紹 MiLI 平時在體驗課程模式中所使用的方法。步驟只有以下三項：

1 以三次正念呼吸作為暖身。

2 閱讀每個主題的指引，直接把浮現的想法寫下來。

3 書寫時間基本上為5分鐘。

寫好以後，再次閱讀所寫的內容。

接著再勾選正念書寫後心情狀態的記號。

只需完成這幾個簡單的步驟，即使在繁忙的生活中，也能持續下去。

POINT 1

以3次正念呼吸作為暖身

進行暖身，是為了「不要思考」做準備。

「不要思考而書寫」並非一件容易的事。所以有必要進行暖身。

因為只需極短的時間就能有效放鬆，請務必試試看。

❶ 挺直背脊，調整姿勢。
（坐在椅子前沿，不要靠在椅背上。）

❷ 進行第一次深呼吸，讓注意力放在呼吸。
（從鼻子慢慢吸氣，再從嘴巴慢慢吐氣，吐氣時間要超過吸氣。）

❸ 進行第二次深呼吸，放掉身體力量，感覺自己正在放鬆。

❹ 進行第三次深呼吸，接收「現在自己最重視的是什麼」的直覺。

＊視情況需要，也可以反覆進行 3～10 次深呼吸。

POINT 2

閱讀每個主題的指引，
直接把浮現腦海的想法寫下來

本書從 PART1 開始，為了自我覺察而列舉的主題包括：

「你重視的事項」、「你對自己施加限制的事項」、「你的感情模式」。請依照這些主題進行正念書寫。或是把浮現腦海的念頭直接原封

不動地寫下來。

　　要是覺得對於該主題「沒有想法可寫」，不妨先試著寫下「關於這個主題，我什麼都寫不出來」，接著再如實把當下浮現腦海的文字寫下來。

　　急著找出答案或結論，試圖去歸納重點只會得到反效果。就當作「向好友傾訴」，傳達出你的想法吧！

　　透過持續動手，把浮現腦海的意念不斷寫在紙上。

3 書寫時間基本上為5分鐘

　　書寫時間設定為5分鐘。因為只是短短的時間，所以能夠很輕鬆地開始進行，也更容易持之以恆。請不要過度逗強去進行。

　　5分鐘到了後，先觀察呈現在紙上的內容，以更平靜的心情去面對你內心真正的想法。

　　接著再如實標記心情記號。如果是心情不好的標記也無妨，因為書寫正念筆記的目的並不是要讓你的心情變好。

　　希望大家能運用這份筆記，促進自我認識，不受情緒影響，完全接納現在的你所做的練習。

　　透過正念書寫，覺察自我，進而擴展人生，有嶄新的選擇。

PART 1 ▶▶▶

透過自我疼惜，
重獲自信與能量

寫給認為一旦面對內心煩躁，
就無法達成工作目標的你

曾有這麼一個故事。

據說有一個為煩惱所苦的年輕人，到某位高僧那裡求教，希望得知消除煩惱的方法。

高僧問年輕人：

「在兩種痛苦當中，你會選擇哪個呢？」

年輕人對於高僧的提問大吃一驚。

「但我正是為了消除煩惱才來到這裡。」

沒想到高僧訓示他：

「所謂的兩種痛苦，一種是繼續逃避去面對煩惱本質的痛苦；另一種則是面對煩惱本質的痛苦。你會選擇哪一個呢？」

以上其實是請教正念冥想方法的年輕人與高僧之間的對話。

你每天做多少工作或家事呢？能保有餘裕的人可能是少數，多數人想必都因為忙於處理接踵而來、堆積如山的工作清單，而感到煩躁焦慮吧？

你的精力被工作、家事消耗殆盡，無法著手煩惱的根本解決之道。然而，若是把精力分散到如何消除煩躁感，日常生活的運作就會受到影響。

我非常理解有這種想法的人。

要去面對自身的煩惱確實很辛苦。

但是，把煩惱擱置不理，實在說不上關懷自己。

這些煩躁的情緒擱置不理，結果到了明天、後天，工作依然一如往常地接踵而至，甚至可能讓人越來越陷入煩躁的泥淖，而難以自拔。

相對的，面對煩惱則需要耗費額外的精力，原本視而不見的事情，也必須一一去正視它。

正如高僧所諭示的，不論選擇哪一邊都有它的痛苦。

然而，如果真正關懷自己的話，不就應該選擇去面對痛苦嗎？

一旦跨越煩惱，你一定會有驚人的成長。

自我疼惜幫助人產生面對煩惱的能量

現代人每天忙於工作、家事之餘，還必須努力讓自身具備消除煩惱的能量。

即使是過度勞累，連去煩惱都沒有力氣的人，在面對煩惱的本質時，能量如何能泉湧而出？我接下來要說明如何產生能量的關鍵方法。

消除煩惱的能量源頭，就是自我疼惜。

所謂的自我疼惜，簡單來說，就是**接納你自己，一如去關愛你所愛的人**。

我們平時在腦中進行思考時，常會對自己有如下的苛責：

「你怎麼又搞砸了？」

「所以說，你真的很爛耶！」

「你不更努力一點，是想擺爛到底嗎？」

這就是讓腦袋變成一個「說教的牢籠」。腦袋從外界吸收的任何資訊，在思考中途都會突然轉變成對自己指責或說教。

像這樣不斷指責自己，只會一再消耗能量。

倘若是面對你看重的人，你期盼他們成長，希望支持他們時，你並不會這麼嚴苛地批判，不是嗎？

難道你不也應當如此對待自己嗎？

因此，如果你的腦袋是說教的牢籠，就有必要把它改造成讓你「**冷靜面對事物的空間**」。

這就是讓自我疼惜的心靈能夠存在的方式。

培養能安心去面對痛苦的心態。

平時對我們MiLI關照有加的藤尾聰允住持，長久以來一直很關注自殺防治。

聰允住持曾說：「**我的目標不是讓煩惱減為零，而是想創造能夠安心去煩惱的社會。**」

我認為住持這句話中的「能夠安心去煩惱的社會」，是一個重要的啟發。

如果煩惱本身成了問題，就會令人更加陷入煩惱的泥淖。相反的，**若是抱著有煩惱也沒關係的態度，反而能好好地去面對。**

既然身而為人，就一定會有煩惱，所以即使感到煩惱也沒什麼大不了。

能夠成為「放心去煩惱的自己」，應該就能做到自我疼惜。

什麼是自我疼惜？

以下更進一步說明自我疼惜。

美國的克莉絲汀・娜芙（Kristin Neff）博士，是研究自我疼惜的知名學者。她把自我疼惜定義為能夠在三個前提下面對自我的狀態。

第一個前提是正念。也就是覺察內心與身體的狀態。

不因為陷在痛苦的狀態，就否定自己，認為自己無能；也不因為自

憐自艾，就非得立刻採取什麼行動去改變，而是先面對自身的狀態，覺察「其實我已經很努力了」，或是「因為這個因果關係才會導致現在的困境」。

第二個前提是關懷體貼。

對於備受煎熬，正感到痛苦的人，在給予建議之前，先帶著關懷體貼的心意去面對他，這麼做更能貼近對方的心。

第三個前提是想起自己同樣是平凡人。

有個名詞叫「共通人性」（Common Humanity），我們姑且記住，它指的是自己與他人都同樣是平凡人。

因為是平凡人，所以就算全力以赴也有無法如願以償的時候、也會有產生嫉妒等醜陋意念的時候。我們必須承認人性不美好的一面。

在這三個前提下去面對自己，才是自我疼惜。

自我疼惜的結果，是支持自己，減輕痛苦，並能達到自我成長這個終極目標。

透過正念書寫找回心靈的能量

培養自我疼惜的捷徑，就是正念書寫。

因為正念書寫是認識自我的工具，持續養成習慣能有助於了解自己，讓煩悶一掃而空。

正念書寫之所以能令煩悶一掃而空有兩個原因。

首先是透過正念書寫，不論好事或壞事，內心浮現的所有念頭都如實寫下來。那些無法對別人說出口、隱忍或有所忌憚的事，能夠毫無顧慮地發洩出來，這個過程能讓你得到解放。

此外，在重讀寫下來的內容時，能讓你覺察「原來我有這樣的想法」。

這麼一來，過去那些原地打轉的想法，將轉變為「我究竟想怎麼做？」，讓你獲得往前邁進的具體想法。

透過正念書寫，依循主題寫出自己的難處、期望，有助於自我覺察。在書寫過程中客觀看待自己，或許就能覺察「原來這樣逼迫自己實在太痛苦了」。

因此能達到自我疼惜，讓心靈重新獲得能量。

自信與正念的關係

讀到這裡,或許你的內心會浮現疑問:

「但是,自我疼惜會不會太放縱自己了?」

「會不會抑制自我成長的欲望呢?」

自我疼惜既不是放縱自己,也不會抑制自我成長。

比方說,你重視的某個人為了想達成他的目標一直在逞強。

這時候,若是真心希望對方有所成長,你理應不會告訴對方「你必須放棄你的目標!」,而是提出建議,或聆聽他的心聲,不是嗎?

至少,我不認為這等於放縱。

同樣的狀況也適用於你自己。

確切地認識自己,是一種促進成長的建設性助力。

實際上,甚至有研究顯示,全面接受自己,有助於提升自我成長的意願。

先停止責備自己,一起來認識自我吧!認識自我,有所成長,自信也能因而誕生。

正念筆記 DAY1

▼

我們終於要開始寫第1天的正念筆記。
請跟著以下的引導,試著展開正念書寫。
不需要把目標設定成寫出字字珠璣的文章。
總之,只需動筆寫下來。

---

1 讀了以上的內容,你感受到什麼?寫下你對於自
  信、自我疼惜的看法。

給你的訊息

正念所帶來的雀躍感與能量

　　在壓力高漲與資訊爆炸的現代社會中，為了活出自己的樣子，正念，這個幫助人健康、健全地活著的概念因而受到注目。

　　你對正念似懂非懂嗎？

　　研究正念的第一人，是哈佛大學的艾倫・蘭格（Ellen Jane Langer）博士。她曾說所謂的正念，就是**自己在接觸未知的事物時，油然而生的專注狀態**，只要去覺察新事物就對了。

　　換句話說，未必需要進行冥想，只要不擅自帶著成見，即使是日常生活的每一瞬間，也能從中發現嶄新的事物。

　　在首度造訪的城市所見到的街景、罕見的食材烹調而成的料理、在YouTube偶然聽到的音樂等等，當發現嶄新事物時，我們會感到一股雀

躍的心靈能量。

　　然後，我們就能毫不費力也毫無壓力地被新事物吸引，感受到趣味，自然而然進入專注的狀態。

　　因此，正念＝發現嶄新事物，並不是全力以赴去獲得，而是發現新事物，能享受邂逅新事物的當下。

　　「我的日常生活哪可能有什麼新鮮事！」

　　如果你有這樣的想法，那正是你探索新事物的絕佳機會。就像進行遊戲般，稍微在這個時刻停下腳步去探索看看。

　　平時行經的路上、大地在雨後天晴時所發出的氣味、平常無話不談的同事今天似乎有點欲言又止……打開你的心及感官去感受當下，或許就能有出乎意外的發現。

　　正念絕非一種特別的狀態，而是無論何時，當你發現新事物，並且在當下自然專注於令你在意的事物，就能產生雀躍的驚喜與能量。

正念筆記 DAY2

▼

1　閱讀前述我們給你的訊息，寫下你的體會。

2　寫下任何你當下在周遭發現的新事物。

給你的訊息

究竟為什麼
「此地此刻」才重要

　　如果把正念換個說法，就是「把每個瞬間都視為未知的事物，持續去覺察」。雖然在第38頁已經說過，但為什麼覺察此地此刻，會為我們帶來幸福與成長呢？

　　當我們尚未處在正念的狀態，也就是處在不定（mindless）的狀態時，例如在開會中想起友人的LINE訊息，因為「當時我說得那麼過分真是對不起他」而感到沮喪；或是和家人一起吃飯，卻懊惱著開會做簡報時被指出遺漏某些資訊等等，因而心神恍惚，在「此地此刻」以外的時空神遊。

　　類似這樣的狀態，任憑思緒無意識地反芻思考或陷入偏見，容易耽溺在消極情緒或倦怠感中。

　　根據哈佛大學的調查，我們一天中大約有一半的時間，心力都神馳

到「當下」以外的地方，而在這樣的狀態下，幸福感也會降低。如同佛教中的「三昧」，指排除雜念，心神平靜，相信任何人都曾有過這樣的經驗：即使是在打掃、洗衣服等日常的平凡瑣事時，若是心神凝注，自然就會覺得是好時光。

「但是，必須一直持續專注在當下，感覺似乎很辛苦，難道不會反而形成一種壓力嗎？」

這是很好的問題！

持續專注在當下時，最重要的是身心放鬆。不是把力氣放在「不專注不行」。

就如眼前出現美麗的景致般，深呼吸讓緊繃的身體放鬆，保持一顆好奇心看看此地此刻發生了什麼事。如果再度發現身體繃緊時，邊放鬆邊讓心思恢復專注。

透過這樣的反覆練習，保持正念對你而言，就能成為舒適的狀態。

相信你現在應該明白，為了在有限的人生中，絕大部分時光都能以正向的心情度過，單純讓自己持續專注於當下比什麼都重要。

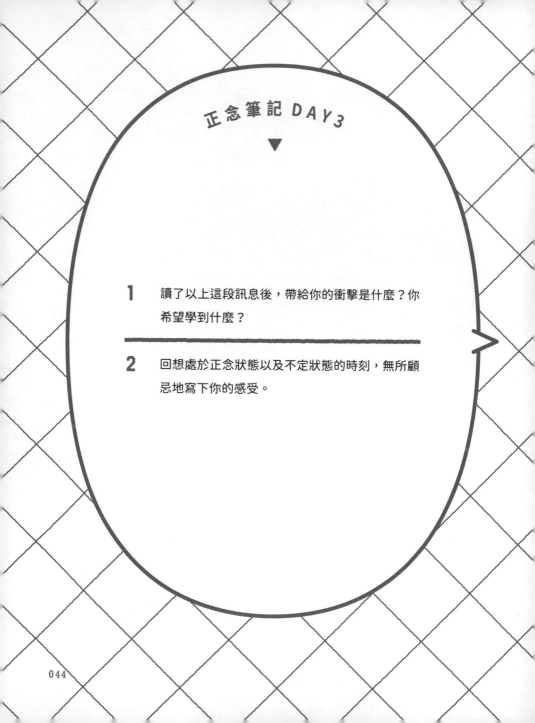

正念筆記 DAY 3
▼

1   讀了以上這段訊息後，帶給你的衝擊是什麼？你希望學到什麼？

2   回想處於正念狀態以及不定狀態的時刻，無所顧忌地寫下你的感受。

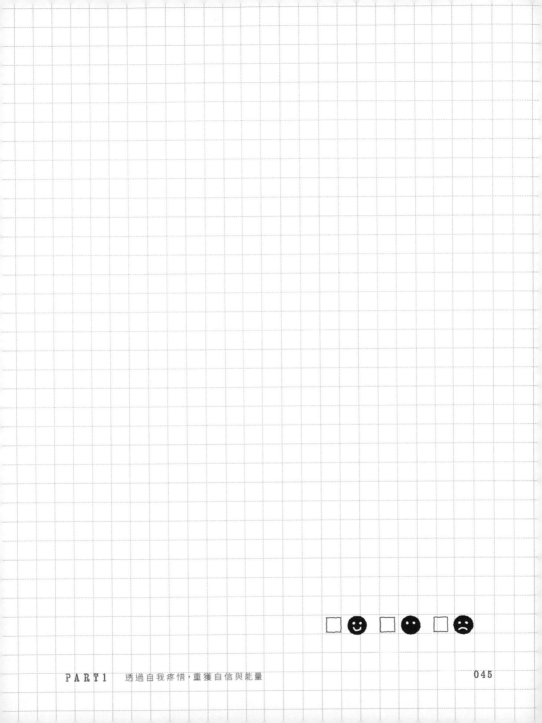

給 你 的 訊 息

自 我 肯 定 與 體 貼 自 己

「能高度自我肯定是最好不過的。但說實話，雖然有時我自信十足，有時卻又毫無自信，要說哪一種情況較常發生，我覺得應該多數時刻都毫無自信。像我這樣的心境究竟有什麼問題呢？」

相信很多人也有類似這樣反反覆覆的想法吧？

這是當然的。自我肯定可說是自尊心的表現，原本就奠基在不穩定的情感上。「與他人比較」、「能不能得到別人認同」，如果是女性，可能還會受到外表的影響。

因此，自我肯定會時強時弱，呈現不穩定的情況也是很平常的。

相反的，時常追求高度自我肯定，要求自己永遠保持最佳狀態的完美主義者，反而容易形成不健康、不穩定的心理狀態。

因此，真正必要的是自我疼惜。

遇到困難導致自我肯定的程度下降時，也要去感受專注當下的正念狀態，接納「那個自我肯定感處於不穩定狀態的我，因為我只是一個平凡人」。有時候也必須理解，「我已經盡力做到最好，但我也有無法控制的時候」。

　　接納自己會有做得好的時候，但也有做不到的時候。尊重自己的存在，培養自我疼惜的能力。

　　「呃……這也很難。」

　　不用擔心，你已經具備這樣的資質。因為面對你的好友或你重視的人，不論在任何狀況，你都能發自內心告訴對方「不論發生什麼事，你都有你的價值」、「你已經盡了全力」……不是嗎？

　　像這樣當重要的人遇到困難時，在內心油然而生的理解與體貼，把它用在自己身上──這就是自我疼惜。

　　因為你就是對你自身而言最重要的人。

　　持續堅持這樣的自我疼惜精神，接納自我真實的情緒，成功順利的時候自然不在話下，即使遇到困難也更容易接納自己。

　　這麼一來，假以時日你應當也會發現，你對自我的肯定程度自然提高了。

正念筆記 DAY4

▼

1 　想像一下你的好友，或是對你極為了解、期待你
　　有所成長，能給你指導與建議的人。想像如果你
　　是他們，對於你現在的挑戰，他們會給你什麼樣
　　的意見或訊息？試著以正念筆記的方式寫下來！

☐ ☺ ☐ ☻ ☐ ☹

給 你 的 訊 息

▼

認 識 情 緒 的 真 面 目

我們總是經常被憤怒或悲傷等強烈情緒所影響。

尤其是像憤怒這一類的情緒，一旦開始失控，就很難克制，無法平息下來。

對於情緒失控，無計可施，這就宛如大敵當前，卻忘我地胡鬧的大猩猩。

你是否已經放棄了管控自己的情緒？相信有很多人深感控管情緒，是自己長年以來必須面對的課題。

尤其是女性，由於週期性的生理變化，因而產生情緒起伏。或許有很多人認為這是無可奈何的事。

要「馴服」這些擺布你的情緒，其實是任何人都能學會的技巧。只

是過去因為沒有人教導，所以我們才沒學會罷了。

其中的訣竅，就在於以我前面所說的大猩猩為例子。

換句話說，觀察你失控的情緒，能夠將它客觀地視為「忘我地胡鬧的大猩猩」，這就是關鍵。

先試著把擺布你的情緒比喻成某種具體事物，例如大猩猩、野豬、蒸汽火車、巨神兵*等，接著想像其樣貌有多大。

然後再更進一步詳細觀察你的情緒。由於情緒密切地影響生理，所以你可以觀察身體的什麼部位感受這樣的情緒？帶給你什麼樣的感覺？

必要的話，試著分析產生這種情緒的原因。但是絕對不要讓這種情緒復燃，只需客觀地回顧，最後緩緩地反覆幾次深呼吸，想像這股情緒逐漸縮小。

透過養成客觀面對情緒的習慣，逐漸明瞭情緒本來的面貌，需要反省回顧的狀況就會漸漸減少。

----

* 巨神兵出自日本動畫導演宮崎駿的個人創作漫畫《風之谷》，其外型如巨人，是擁有強大毀滅能力的人工生命體。

正念筆記 DAY 5

▼

1　將前述的訊息內容，以正念書寫的形式寫下來！

- 這股情緒可以比喻成什麼？
- 記下這股情緒的規模。
- 是什麼樣的情緒呢？請你更詳細地說明。
- 這股情緒是從身體的哪個部位開始發生的？
- 身體這股高亢的情緒帶給你什麼樣的感覺？
- 是什麼原因造成情緒高亢？

□ ☺   □ ☻   □ ☹

給你的訊息

當內心煩躁時，
清一清腦袋裡的垃圾

　　不論工作或家庭，有時一回過神來，想到「唉呀！那件事不做不行，這件事也還沒完成」，覺得總是被某些事情的進度追趕，身心俱疲。雖然不是什麼巨大的痛苦，卻會慢慢地滲透全身。

　　一旦開始想著「這件事該怎麼辦？那件事該怎麼處理？」，讓這些事在腦子裡反覆打轉，就難以徹底切割得乾乾淨淨。因此將會在無意間擴大了焦慮感。

　　在腦內盤旋不去的雜念，挑起你對未來的不安，將你的心思拖離「此地此刻」，是讓你操心過度的原因。

　　要斬斷這樣的腦內迴圈，讓意念回到此地此刻，就是透過正念書寫來達到 Brain Dump，一如字面上的意思：清除腦中的垃圾。

提倡個人管理系統的暢銷作家戴維‧艾倫（David Allen），他所提出專注在當下的方法，同樣也是把腦袋裡雜亂的思緒一口氣寫下來，主張把 Brain Dump 可視化。

那些非做不可的事項，覺得要是能做到就太好了的事情，瘋狂的創意、怨言，或是其他任何你介意的事情，把盤踞內心的事情全部寫下來。

雜亂的思緒不經歸納整理，而是一口氣把想到的念頭全部寫下來，將腦袋從迴圈中解放出來。

即使只是先寫在紙上，應該也能消除相當多的煩悶。

然後看看寫下來的內容，就能看清當下必須面對的事物，以及可以暫時擱置的事物。還能幫助你看清在分辨事項輕重緩急時的盲點。例如：

- 藉由確實釐清事情的輕重緩急，就能看出很多事項並不是非立即處理不可。
- 原本認為非處理不可的事項，透過可視化去檢視，就會發現對自己的要求實在過重了。
- 也能因此發現事情不需要自己一個人扛下來，應該找好友或導師商量比較好。

藉由思考這些事情，就能更有效消除內心煩躁不安的感覺，並轉化成可具體實踐的計畫。

正念筆記 DAY6

▼

1　Brain Dump
將內心湧現的紛擾思緒,不經修飾地一口氣寫下
來。

2　回顧
進一步思考有什麼新發現,以及採取什麼行動對
你有益,回顧並補充在 Brain Dump 的內容上。

□ ☺ □ ☻ □ ☹

正念筆記 DAY7
▼

1 回顧第1週的正念筆記內容，盡情地寫下有什麼
新發現。

正念筆記 DAY 8

▼

1 今天開始就是第2週了，
想度過什麼樣的一星期呢？
把當下的念頭，自由地寫下來！

□ ☺ □ ☻ □ ☹

日期：

給 你 的 訊 息

為 了 擁 有 自 信 的 必 要 思 維

　　人的內心總是多少懷抱著「為了有自信，我必須變成某個樣子」的理想。

　　也就是說，我們是不是認為，自信＝成為理想中的自己？

　　首先，我要告訴大家一個最重要的想法，就是**真正的自由並不是變成理想的模樣，而是從深刻理解自我而產生**。一再比較理想與現實，別說產生自信心，只會讓人更加沮喪。即使再怎麼追求理想，也只會變成一個反覆追逐的遊戲，達成的那一天永遠不會來臨。

　　因此，不妨試著把自信的源頭從「理想」轉變成「理解自我」。

　　即使沒有自信，至少已經努力做到這個程度了。帶著更多的尊敬與好奇去理解、認同這樣的自己，你就能逐漸產生自信。

國際知名畫家芙烈達・卡蘿*曾說：

我是我自己的繆思女神
以我最了解的主題，
畫出我更想深入了解的主題。

如果你心想：「不，我哪談得上是繆思……」這樣的你，更務必一試。因為抱著尊敬與好奇去認識「你是否就是自己的繆思」，更能提升你對自己的理解。

具體來說，不妨時常問自己以下的問題：

什麼能令我喜悅？
什麼能使我痛苦？
什麼能讓我發光發熱？

暫時放下對自信與理想的執著，藉由注意這幾個問題，提高對自我覺察的精確度。

持續把力量灌注在理解最重要的自己，有朝一日自信心就會油然而生。

---

* 芙烈達・卡蘿（Frida Kahlo, 1907-1954），墨西哥藝術家，以自畫像著名。

正念筆記 DAY 9

▼

1   讀了上述的訊息後，你覺察到什麼呢？
    例如：思考、感受、身體的感覺等方面。

2   以尊敬、關懷的心情把自己視為自己的繆思時，
    關於以下問題，你有什麼想法？

    ● 什麼能令我喜悅？
    ● 什麼能使我痛苦？
    ● 什麼能讓我發光發熱？

日期：　　　　　　　　□ ☺　□ ◉　□ ☹

給你的訊息

因為不了解自己而感到不安時，
就是一鳴驚人的前兆

　　人在成長的過程中，歷經許多事情，總會有感受到「原來我是這種人」，因而意志動搖、焦慮的時期。

　　人很容易把「不知道」與「不好」畫上等號。但包含人類在內，例如經濟、氣象、環境問題等等，世界上有太多無法完全徹底掌控的事情。更不要說歷經成長與變化前，自我認同感總是會搖擺不定。

　　我想你自己過去一定也曾有這樣的狀況，事實上，「我不明白自己究竟是什麼樣的人」，這種懸在半空的狀態，意味著人生豐盛的可能性即將萌芽，或許前方等待著你的，是超乎你預期的錦繡前程。

　　因此，不需要急於為自己下定論，不妨趁機培養讓自己安然處於「無知」狀態的能力，也就是消極感受力（Negative capability）。

莎士比亞正是把這種消極感受力發揮到最大極限，「自己什麼都不是」的開放心態，驅使他撰寫出能跨越四百年時光，被翻譯成多種語言的不朽作品。

　　提升消極感受力的方法。必須認識自己處於「無知」的狀態，對自己寬容些，並且不放棄，持續摸索。最後你的人生必能達到連自己也無法預測的成長與開展。

　　勉強去解開「自我這個謎題」時，很可能反而限縮了你自己的可能性。
　　保持「我不知道自己究竟是什麼」也沒關係。
　　在自我認同裡迷失了方向，正合我意。

　　請務必記住：在無知的狀況下，把每一瞬間做到最好，未來等著你的，必然是人生超乎預期的成長及開展。

正念筆記 DAY10

▼

1   把你讀了這段訊息後，內心湧現的想法、感覺，
     坦率地寫下來。

2   你通常在什麼情況下，特別需要消極感受力？

給你的訊息

與來自性別、年齡的壓力
和平共存

「我討厭被套上性別、年齡、外型的框架而產生的壓力！」

如果你有這樣的想法，請容我說句話：

「你說得很好，就是這樣，沒錯！」

你認為十分傑出、值得尊敬的那些人，他們一定也是以「因為是女性／男性」、「因為○○歲」為出發點而行動。或者，別人對他們的理解也是在這樣的框架之下。

超越性別、年齡，活得像自己而成長，並且大放異彩，當然比一成不變的生活來得快樂。

那麼，為什麼我們會對於性別、年齡而產生的壓力有這麼強烈的感受呢？

那是因為大腦的求生本能告訴我們：「如果不融入同儕就無法活下去。」

　　為了自我保護，人時常督促自己「要融入社會」、「要和大家一樣」。

　　這種本能在個人的獨特性更容易被包容的現代，並無法保護我們，反而是造成焦慮的元凶。

　　因此，要如何與仍然搖撼我們內心的本能和平共存呢？

　　首先是當內心響起「因為是女性／男性」、「因為○○歲」的聲音時，不要反射性地急著去壓抑，而是試著去觀察：那是來自誰的聲音？是什麼樣的語調？

　　是父母、世人還是自己的聲音？是責罵？還是驚訝的口氣？

　　這樣的聲音，就像是好管閒事的人自認為別人著想而給忠告，其實只是為了壓抑自身的不安所說的話，因此你大可在觀察完畢後，輕輕地說聲「謝謝」，然後就把它拋到一邊。

　　因為是本能，所以這樣的聲音可能會一再出現，**如果每次都能在心裡向它說聲謝謝，然後就不予理會，必然會削弱這個聲音對你的影響。**

　　你必須認識自己，看清楚對你而言，真正重要的是什麼，你就不會再介意年齡、性別對你形成的壓力。

　　即使現在無法立刻體會也沒關係。和這本正念筆記一起探尋，盡力把每一天做到最好，那個自在的自己就會出現。

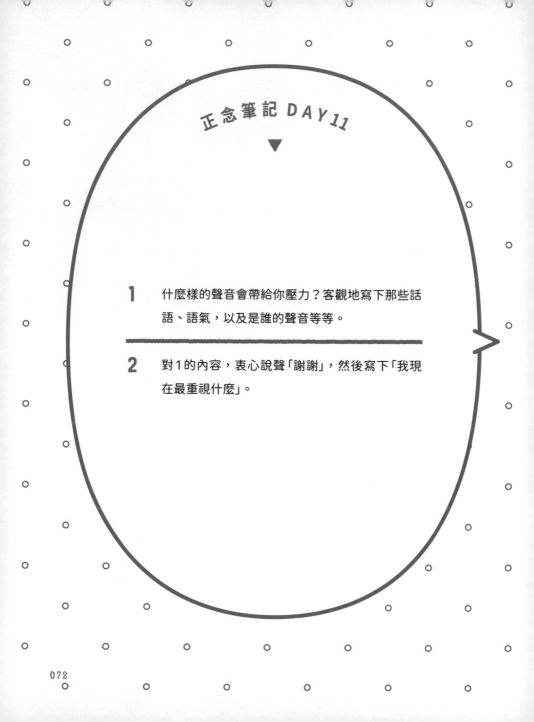

正念筆記 DAY 11

▼

1　什麼樣的聲音會帶給你壓力？客觀地寫下那些話
　　語、語氣，以及是誰的聲音等等。

2　對1的內容，衷心說聲「謝謝」，然後寫下「我現
　　在最重視什麼」。

□ ☺ □ ☻ □ ☹

日期：　　　　　　　　□ ☺　□ ●　□ ☹

給你的訊息

▼

面對自卑感的方法

「我必須再瘦一點」、「我無法收拾乾淨」、「我在工作上必須更有表現」、「要是我當初更用功學英文就好了」、「毫無人生目標實在很糟糕」……自卑感接二連三浮現心頭。

上述問題似乎都很重要，但要改變自己去解決每一個問題卻又不可能。受到自卑情結撥弄的人生令人感到厭世。

要完全無視，卻又很困難。

這些棘手的自卑情結，其實都是源於大腦原始的求生本能，擔心「沒有融入社會就無法活下去」。為了自我保護，對人生際遇委屈求全而持續產生自卑感。

所以自卑情結多半來自與其他人一較長短。但對於活在現代的你，這個獨特的你，自卑感並非全部都有正面意義。

同時，對你而言，真正重要的渴望也會夾雜其中。

只要活著就會產生自卑情結，面對它的最佳方法，不是消滅，而是辨認。

冷靜地看清楚哪些是出於本能？哪些才是你真正想做的事、你想變成什麼樣子？最有效的方法是透過正念書寫，把自卑情結全部寫下來，讓它形成文字。

接著，再以「自卑感是為了自我保護才產生」的冷靜心情，閱讀寫出來的內容，就更容易發現，哪些是為了迎合他人而認為「自己應該這麼做」的事，哪些才是發自內心的願望，認為「這才是最重要、想變成這樣的人」的事。

接著從當中選出對你而言，真正想積極投入來改善的事。憑直覺就好，試著選出一項。

然後，即使是很小的一步也沒關係，試著踏出一步，自卑情結也會成為對你有幫助的重要訊息來源。

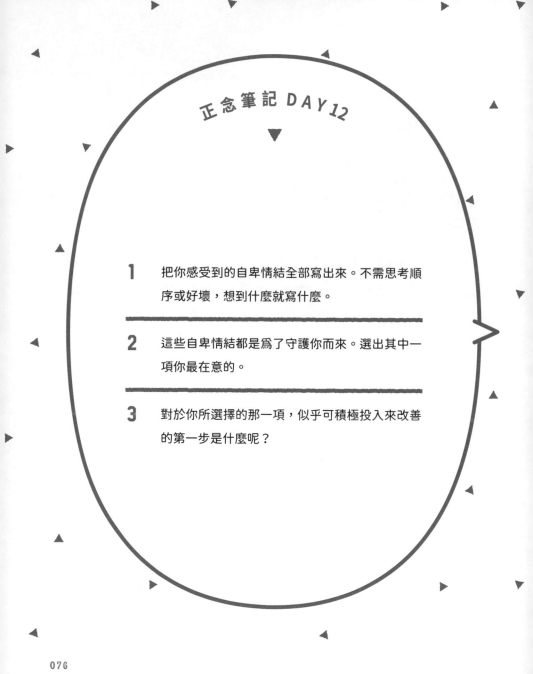

正念筆記 DAY 12

▼

1 把你感受到的自卑情結全部寫出來。不需思考順序或好壞，想到什麼就寫什麼。

2 這些自卑情結都是爲了守護你而來。選出其中一項你最在意的。

3 對於你所選擇的那一項，似乎可積極投入來改善的第一步是什麼呢？

日期：　　　　　　　　□ 　□ ◒　□ ☹

給 你 的 訊 息

▼

認 識 隨 著 年 齡
而 磨 練 出 來 的 特 質

「我已經上了年紀……」有股滿懷悲傷的自暴自棄、無力感。

有這種念頭的你，是因為和過去的你或其他年輕人比較，因而產生一股自身價值低下的感受吧？

確實，人類身為動物，細胞的含水量及體力等，高峰期都在年輕時，皮膚的張力及體力確實也隨著年齡增長而下降，但其他多數的事情都會伴隨年齡而提升。

這句話絕對不是為了安慰你才說的。

或許你會感到意外，但美國達特茅斯學院布蘭奇洛爾博士（David Blanchflower）在2020年發表的幸福學研究報告指出，平均的幸福程度其實從四十歲過後會隨著比例而上升。

而且，也有許多年齡增長但人生依然發光發熱的長輩。他們無論到了幾歲，也不會把「已經上了年紀」掛在嘴邊，而是持續地全力以赴，投入當下的活動。

　　此外，媒體或廣告大量散播「抗老化」、「年輕等於美麗」等訊息，反過來說，這是否等於要你接受「年齡增長近似劣化」這個概念？
　　請你看清楚，這些都只是為了販賣商品或服務的廣告詞，它們並非事實。

　　現在的你，無疑比過去學到更多經驗，有更大的成長。
　　所以，千萬別小看五年後或十年後的你。
　　因為屆時的你，有極大的可能比現在的你更有活力，帶著更滿足動人的表情。

　　在有限的人生中，我們唯一活著的，只有「此地此刻」。
　　因此，即使不完美，也請你在此地此刻全力以赴地活下去，請期待讓你微笑著享受的美好未來。

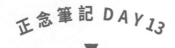

正念筆記 DAY13

▼

1　針對以下的事項，自由地寫下你內心的想法。

● 十年前＿＿歲的你，最想對今天的你說什麼？例
　 如感謝或擔憂的人事物，或哪些方面的變化等
　 等。

● 若是今後再次浮現「我已經上了年紀」的想法
　 時，你打算怎麼做？

正念筆記 DAY14

▼

1　回顧第2週的正念筆記，你有什麼新發現呢？請
　　無所顧忌地寫下來！

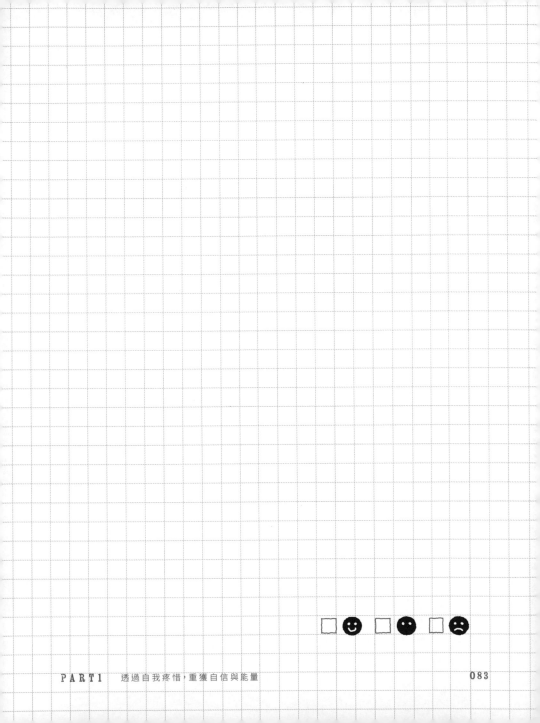

PART **2** ▶▶▶

提高自我覺察的能力

職涯、工作篇

「這麼下去好嗎？」
寫給心懷疑惑卻佇足不前的你

你是否滿足於現在所處的環境？

「我就這麼從事現在的工作好嗎？」
「我不認為現在的收入足夠。」
「我想改變生活型態！」

這些煩躁的感受，或許是因為你感受到你的理想，和現在所處的環境有落差。

但是，你是否為了消除這樣的煩躁而採取行動呢？

或許說起來有些抽象，其實我們活在「內在」與「外在」這兩個不同的世界。

所謂內在的世界，是指自己的想法、感受等感性的世界。

而所謂外在的世界，則是我們置身的社會，指我們與這個社會的關係。

讓我們煩躁的是內在的世界，但引發我們煩躁的原因則多半來自外在世界。

內在的世界，因為是自己內心的狀態，所以透過改變自我，看法也

會跟著改變。

　　但是，與外在世界相關的事情，不行動就不會改變，不能僅止於想。即使不知道結果會怎麼樣，依然採取某種行動是很重要的。

　　如果不採取任何行動，永遠都只會停留在「維持現狀」。

　　話雖這麼說，要人為了改變什麼而採取行動，本來就是件困難的事。這其中與人類身體先天條件的限制有關。

感覺「看不到未來」的腦科學理由

　　關於採取行動的結果，各位從自身的經驗與知識去判斷，有時能預期產生好的結果，有時能確知會有不良的後果，有時則無法預判結果是好是壞。

　　對大腦而言，這種「無法預判結果是好是壞」的狀態，是最不愉快的。

　　雖然做厭惡的工作確實會形成壓力，但日復一日習慣了以後，人通常會知道對身心有什麼影響。

　　而比這種狀態造成更大壓力的，是不清楚日後究竟會如何發展。

　　因此，人容易傾向選擇已經知道後果的不安，而不願去面對不知道後果的不安。

我們的大腦原本對於新的事物就會感到不安或恐懼。

大腦會優先選擇保護自己的身體，傾向盡可能避免風險。

著手進行新事物、造訪新場所，就意味著要走出舒適圈，這使得大腦傳遞阻撓人採取行動的訊息。

即使如此，若是不承擔風險採取行動，現況不會有任何改變，就難以拓展人生。

是否在人生道路迷航？

「不知道繼續維持現狀好不好，但又害怕貿然從事新挑戰……我已經在人生道路上失去了方向！」

或許有人會對這樣的自己感到心情低落，但考慮到人類的大腦及心理層面，即使在人生道路上迷航，我認為這也是件無可奈何的事。

應該說，大部分的人都應該在人生道路上迷航了吧？

人到頭來都會在人生道路上失去方向的原因，就是因為人生充滿了未知。

尤其是現代社會，諸事萬物都瞬息萬變，甚至連價值觀都可能一百八十度翻轉。

不論AI或是物聯網，資訊科技躍進的第四次工業革命，或是地球上大規模的氣候變遷，新型冠狀病毒引起的全球傳染疾病等等。

我們幾乎每年都在經歷著過去人類不曾遭遇過的時代。

科學家、政治家、企業經營者對於這樣的變化，並沒有答案。「只要走這條路絕對能夠幸福」的道路已不復存在，所以我們會在人生道路中迷航也是理所當然的吧？

只不過，我認為人還是有「想變成什麼樣子」的理想。

因此，世界各國的領導人，儘管內心有著迷惘或不安，仍然繼續帶領人民往前邁進。

在人生中迷航？

就算迷路又何妨？儘管放心地迷路吧！

為了能夠放心地迷路，必須學習「健全的迷路方法」。如果在內心設置說教的牢籠，嚴苛地斥責自己，或是始終在原地打轉，稱不上是健全的迷路方式。

找到自身道路的關鍵方法，就在你心中

所謂健全的迷路方式，是儘管內心感到不安依然不斷去嘗試，在經歷錯誤中找到自己的道路而往前邁進。

媒體密集傳播「美好生活就該如此」的訊息。這些訊息告訴我們，似乎照著做出選擇是理所當然的事。但你應當也曾有過因為無法照著做而感到焦慮，感到更加困惑的時候。

這些真的是令你幸福的提案嗎？不妨想一想，其中是否因為和商品的銷售手段有關，只是虛構的幸福幻象。

你或許有過從 Instagram 或 Facebook 的貼文中，得知「竟然有人走在如此光明燦爛的人生道路上」的時候。

究竟那樣的道路適不適合你，你或許可以刻意去嘗試走走看。

為了覺察「或許適合他，但我和他不同」的道理，這也是必要的經驗。

健全的迷路方法，就是像這樣，為了發現真正追求的事物，腳踏實地去行動。

不是盲目地遵從周圍的意見或想法，也不要被媒體大聲疾呼的價值觀耍得團團轉。

幼年期的兒童充滿好奇心。

他們每天都抱著好奇心伸手去撫觸新事物、對其他人說話。

但隨著日漸成長，逐漸把好奇心鎖進內心深處的倉庫，現在已經忘了那顆充滿好奇的心……我想有時候我們正是這樣。

希望你能透過正念筆記，把這顆好奇心再次拿出來。

把人類喜悅與歡愉的根源——好奇心——從內心深處的倉庫拿出來，若是能帶著你的好奇心前行，自然就能看見眼前的道路。

　　找到自身道路的關鍵方法，就在你心中。

正念筆記 DAY 15

▼

1 　讀了前面的文章，對於你想做的事或是職涯規劃
　　有什麼啟發？請寫下來！

給 你 的 訊 息

填補心靈能量的特效藥

　　從一早起床就覺得倦怠無力。一直躺在床上或沙發上，始終提不起勁做該做的事，只是任憑時間一分一秒地過去。接著，你開始批判這樣的自己，陷入自我厭惡的心境，更加沒有幹勁……相信很多人都曾有過這樣的經驗。

　　其實，自從新冠肺炎疫情後，這樣的人更是大增。
　　因為遠距上班，進入辦公室的天數少了，不得不自己規劃工作步調。另外，由於和他人直接相處的機會少了，也無法從與他人互動得到活力，難以感受到團隊工作的節奏，自然也難以跟上團隊的步調。
　　明明必須設法提高工作幹勁，非付諸行動不可，卻經常因為當天狀況不佳而始終提不起精神。
　　在此介紹幫助你從這種低迷狀態恢復幹勁的三個步驟。

第一個步驟。首先，必須接受任何人都可能發生這樣的狀態。如果持續自我批判，陷入自我厭惡的處境，會更加提不起幹勁。只要覺察你正在批判自己，請立刻停止這麼做。

　　第二個步驟。心理狀態與身體狀態息息相關。心理的能量枯竭時，身體也會跟著無法動彈。不過，反過來說，**也可以透過身體讓心情活絡起來。**

　　陷入「提不起幹勁」的心理狀態時，先做三次深呼吸，讓這個想法歸零。接著，盡可能大動作地活動身體，試著走一分鐘看看。走出玄關，走到戶外，輕鬆走一走也無妨。藉著身體的活動，也能為心靈補充些許能量。

　　第三個步驟。為了補充更多心靈能量，可以嘗試正念書寫。主題很簡單，例如，有哪些讓我興奮期待的事情等等。

　　吃最喜歡的巧克力、旅行、你重視的人的微笑、去電影院觀賞電影等等，不論大小事，盡可能不加任何價值判斷地寫下來，邊寫邊感受這些不斷湧現的正面想法。

　　這三個步驟雖然很簡單，卻能補充心靈能量，請把它當作你的特效藥加以運用。

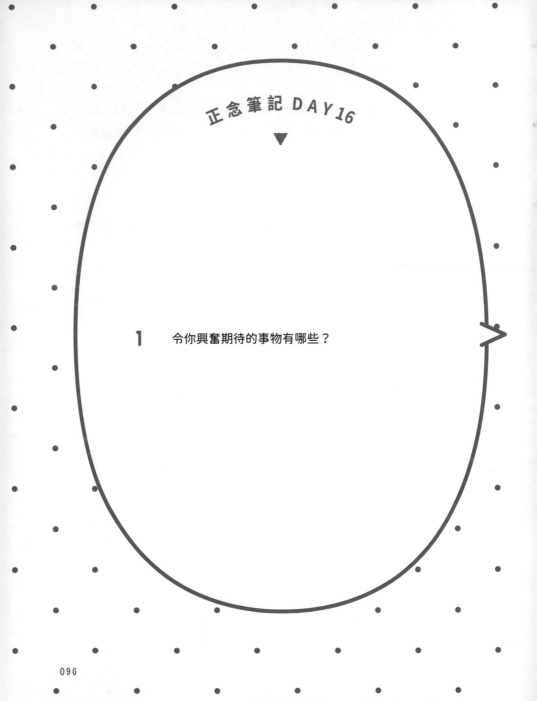

正念筆記 DAY 16

▼

1　令你興奮期待的事物有哪些？

日期：　　　　　　　　　　　　　□ ☺　□ ◉　□ ☹

給你的訊息

「上班憂鬱」所隱藏的訊息

　　任何人都必定歷經過「上班憂鬱」這類煎熬的時期，即使旁人看來一路平步青雲的人，也都至少曾經歷過一次這樣令人鬱悶的時期。

　　我們可以將其視為「希望之處有試煉」。目前的處境或許正潛藏著迎向希望之前，給你的重要訊息。

　　也許你會覺得腦袋裡已塞滿了各種生活瑣事、攸關自己幸福的要事、維繫人際關係等等，你沒有餘力去思考「上班憂鬱」所隱含的訊息。但我們若能拉開距離來俯瞰這個困境，其中隱含的訊息無非分為以下三種（也有1和3或2和3等，同時出現的情況）。

1. **現在不要急就章做決定，先繼續目前的工作。**與其還沒做好準備，勉強做出結論，先佇足觀望或許才是有智慧的決斷。無論如

何都必須重視身心狀態，身心採取「節能模式」也是明智之舉。

2. **休假、申請留職停薪，甚至辭職等等，提出勇氣喊暫停。**忙碌、疲憊不斷累積的結果，思考能力也會下降。在還有能力主動喊停時先停頓，確實休息，療癒你的身心。

3. **開始準備邁向改善的道路**。無論換到新的公司，或是留在原公司，你都能思考改善「上班憂鬱」的對策，也能藉由採取行動讓心態變得更積極。如果你還是找不出方法，或因為環境快速變化而感到不安時，聆聽他人意見，學習新的方法等等，也是適當的行動。

不論是刻意或非刻意，內心多少會傾向這三種選項的其中一項。

我在這裡最想強調的是：不論選擇哪一個，都沒有對錯。不論旁人怎麼說，哪個才是正確的選項，由你來決定。

重新檢視、重新選擇，然後透過一再地嘗試錯誤，總有一天，能讓你安然度過「上班憂鬱」，露出開朗笑臉的日子必定會再度來臨。

雖然無論如何前提都是「由自己做出選擇」，但也建議你可以向擅於傾聽的友人訴說，來整理自己的心情，並尋求溫柔的慰藉。

向重視你的人、溫柔對待你的好友、人生導師、專業輔導員、諮商師等人尋求協助，也很重要。相信有一天你也能說出「正因為有上班憂鬱這樣艱難的時期，代表前面有著更好的未來等著你」。

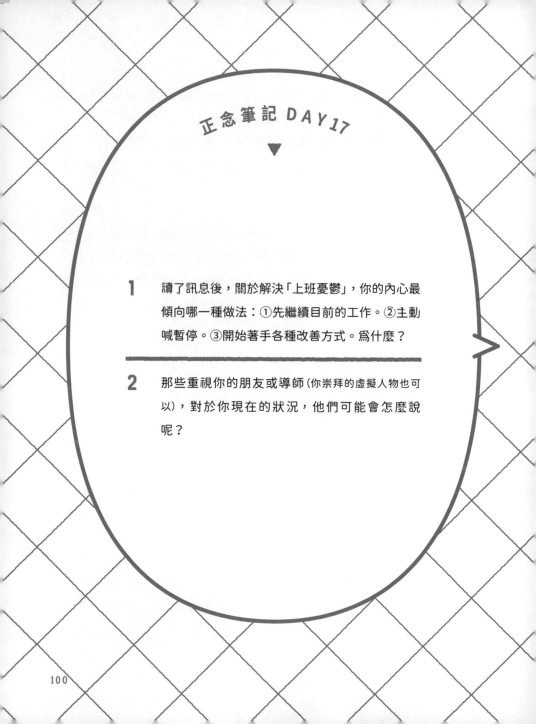

正念筆記 DAY17

▼

1 讀了訊息後，關於解決「上班憂鬱」，你的內心最
   傾向哪一種做法：①先繼續目前的工作。②主動
   喊暫停。③開始著手各種改善方式。爲什麼？

_____

2 那些重視你的朋友或導師（你崇拜的虛擬人物也可
   以），對於你現在的狀況，他們可能會怎麼說
   呢？

給 你 的 訊 息

重 新 檢 視 工 作 的 步 調

　　被賦予重大意義或責任的專案，就某個程度來說，能夠培養實力是件好事，但往往因此而犧牲家人與自己的福祉，或是把家人及自己的順位往後延。雖然還不至於到了臨界點，但之後若一直都是這種工作步調，會真的很痛苦。

　　正因為你一直很努力，當然會產生這樣的感受。

　　對於這樣的你，最有幫助的事情，應該是培養可以長久持續的工作模式，讓你在工作的同時，也能照顧自己與家人。

　　因此希望以下這三個簡單的重點，能提供你作為參考。

●將「我今天能完成就很好了的事」減少到只有一、兩件。

我們總是習慣在有限的時間或能力範圍內，列出太多待辦事項。其實，許多待辦事項即使當天沒有完成，也沒什麼大不了。不論工作或私人事務，將「我今天能完成就很好了」的事減少到只有一、兩件。萬一屆時沒完成更多事項，也不必因此而責怪自己，就能夠心情愉快地度過每一天。

●每天都要安排能帶來好心情的時間

如果非做不可的事情占用了一整天的時光，當然會感到身心俱疲。看看喜愛的動畫、和寵物玩耍、悠閒地沖一杯咖啡等，預先安排這些令人愉快的計畫，並把它們加入你的行事曆。

據說人每天平均大約花三小時又四十六分鐘在滑手機，為了讓自己開心而撥出二、三十分，應該不會太困難，對吧？

●盡力就好，不要追求完美

以什麼樣的心態去工作，比處理什麼樣的工作內容來得重要。全力以赴去面對事情，竭盡全力做到最好，先肯定這樣的你。其他人也一定會肯定你始終全力以赴，而不是因為你十全十美才接受你。

培養更有智慧的取捨方式，每天都能更開心，也比較不會太過擔心接下來是否會工作過勞。

正念筆記 DAY 18

▼

1   寫出今天（或明天）的工作清單及私人的待辦事項，從當中決定一、兩項「我今天能完成就很好了」的事。

———————————————

2   你打算怎麼度過專屬自己的快樂時光呢？只要你開心就好，任何事情都行。把它排入今天（或明天）的行事曆，並付諸行動。

給你的訊息

▼

當你想著
「究竟為了什麼而工作」時

　　每天為了完成工作的待辦事項就已心力交瘁。

　　因此，回到家後，不管是打掃房間、洗衣服或其他雜務，都沒力氣處理。工作與生活都進展得不順利。

　　但是，偶爾還是希望撥出時間跟朋友吃頓飯或是去旅行。

　　在這麼忙碌的生活中，就這樣半年、一年過去了。

　　尤其是習慣了以工作為重心的生活，過著安定的、一成不變的每一天，轉眼活到三、四十歲。一如「光陰似箭」這句話，時間轉瞬即逝。

　　收入還算過得去，對公司、主管或同事也沒有特別的怨言，生活也沒有太大的不滿，只是不知不覺地一天度過一天。

　　在這穩定的生活中，有一天你突然內心有股騷動，產生一個疑問：

「我究竟是為了什麼而工作？」

應該有很多人曾感受過這股分不清究竟是焦慮，還是不安的情緒吧？

根據有關健康、幸福的研究報告指出，確知自己的人生目標或重視的事情與生活、工作息息相關的人，對人生的滿意度較高。

反之，不清楚自己的人生目標或重視什麼事情，或是不曾去思考、因為過度忙碌而忘了，對人生的滿意度可能較低。

雖然說是重大目標，即使只是「讓身邊的人展露笑顏」這類今天就能做到的事情也沒關係。試著透過正念書寫，回顧自己的人生目標或重視的事情。

正念筆記 DAY 19

▼

1　工作的喜悅

寫下你能想到的，藉由工作成果所感受到的喜悅
與滿足。

2　整理工作的喜悅

回顧在1所寫出的內容，整理這些喜悅與滿足有
什麼共通點？你在哪些領域中感受到這些喜悅與
滿足？

3　人生的工作目標、重視的事情

回想一下之前思考過的工作目標與重視的事情，
並根據2所整理的令你感到喜悅與滿足的工作內
容，重新思考工作目標，以及你希望今後能重視
的事情。

日 期：　　　　　　　　　　　

給 你 的 訊 息

更新你的工作價值觀

　　現在的工作能帶來穩定的生活，在公司的重要性也還算過得去。

　　然而，若是問起投入這份工作是否有意義、有價值，是否能讓你感受到值得積極投入時間與精力，卻似乎不是那麼一回事。

　　當你有以上想法時，希望你思考兩件事。

　　首先，這份工作是否有意義、有價值，答案並不會從天而降。

　　人生只有一次、不會重來，你希望從事什麼工作才能讓你感到滿足？是對社會有重大貢獻？還是讓身邊的人（包括你在內）幸福？只有你自己才明白。

　　無論你追求什麼樣的價值，都不要被他人的意見拘束，你真正的感受比什麼都重要。

　　聽起來或許有些刺耳，但你不就是為了探索這件事而努力至今嗎？

另外希望你思考的是：工作是否有意義、有價值，不是憑感覺或感情來判斷，而是基於選擇。因為你想要面對哪些人事物，必須自己做出選擇，才能發掘其中的喜悅與意義。

　　能感受到工作價值的人，並不是因為經常追求有意義的愉悅感，而覺得有價值。

　　即使遇到不順利、感到煩躁的時刻，仍然拚命專注在眼前的事物上，然後才領略其中的價值並感受到喜悅。你是否因為糾結在有意義、有價值上，而無法全心投入眼前的工作？

　　即使是了解自己工作價值的人，也會有心情低落的時刻，但即使如此，由於是自己選擇去做自己所重視的工作，因此心情沮喪仍然可以堅持下去，而振奮時能切身感受到無限的喜悅。

　　不論你現在幾歲，重新找出有意義的事物，再次更新你的工作價值觀，永遠不嫌晚。

　　當你能理解「選擇這條路的理由」，以及「當下全心投入在這件事情的態度」時，你一定更能體會工作的意義。

正念筆記 DAY 20

▼

1 隨意想像你將來結束職涯的年齡。想像到了那個年齡的你，經歷了成就超過預期，度過了最棒的職涯，滿足地露出微笑的你。

對未來的你，詢問以下的問題，憑直覺寫下你的答案。

- 你達到什麼成就或完成哪些事情？
- 你要給現在的自己什麼樣的訊息？

---

2 根據1所寫下的，你現在能採取什麼行動？或是對現在的你而言，重要的事情是什麼？

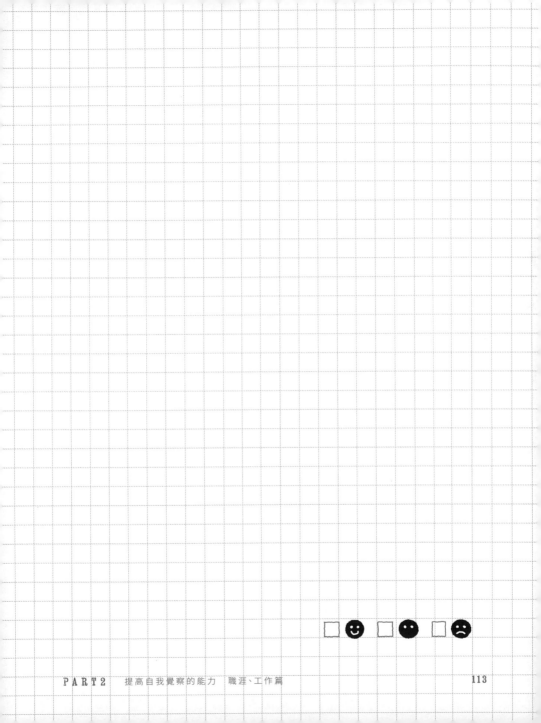

正念筆記 DAY 21

▼

1   回顧第3週的正念筆記，你有什麼發現呢？請無
     所顧忌地寫下來！

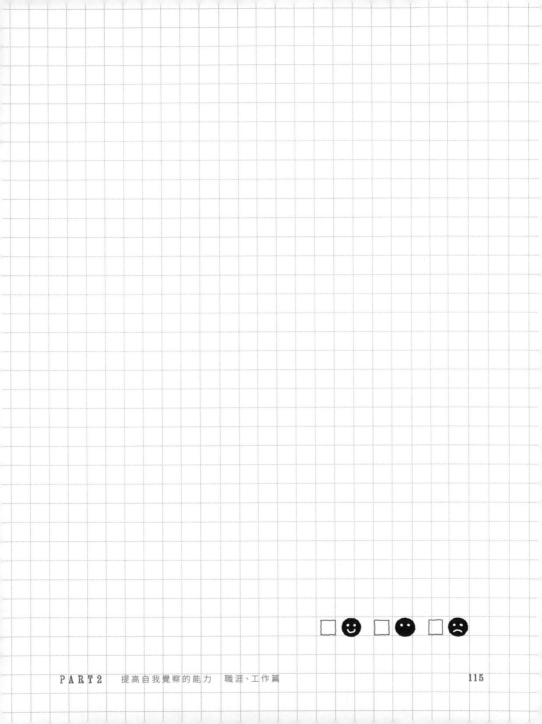

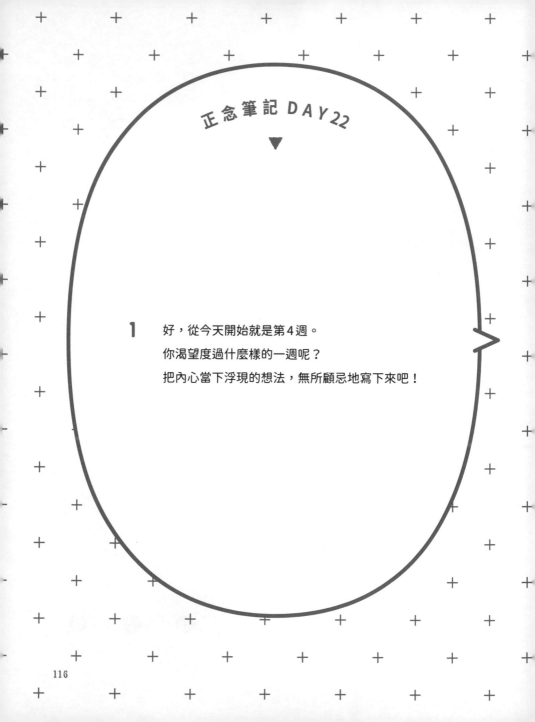

正念筆記 DAY 22

▼

1　好，從今天開始就是第4週。
你渴望度過什麼樣的一週呢？
把內心當下浮現的想法，無所顧忌地寫下來吧！

給你的訊息

給雖然有想做的事，
卻無法踏出第一步的你

　　關於新的職涯規劃或生存方式，你可能有隱隱約約的想法，或確實有具體想實現的事。但一想到這件事就感到不安，所以導致你排斥進一步去思考。

　　或許有人正陷入以上的狀況。

　　即使只有一絲一毫的風險也想盡可能避免，是人類的本能。更何況在面對未知事物時，大腦還會傳遞警告的訊息，讓我們產生恐懼不安的感受。

　　因此，即使對現狀不滿，重複進行完全可以預期結果的事物，會讓我們更安心，較能使我們冷靜。

然而，如果永遠維持現狀，我們的人生將再也沒有新的成長與喜悅，無法再有新的邂逅，無法遇見嶄新的自己。

　　何不跨越這樣的不安，再一次，不，應該說無論幾次，都應該去面對試圖踏出新腳步的你。

　　這時，最有效的做法，是把想做的事，分別從悲觀與樂觀這兩個角度，寫出兩個不同的情境。

　　不需要想得太嚴重。不論是哪一個情境，都只是我們對於無法預見的未來的想像。

　　接著再客觀地看一次寫出來的內容。你將發現原本想像的那頭巨大如獅的恐懼怪獸，其實只是不足為懼的小貓。又或是原本宛如雲煙般虛無縹緲的希望，輪廓與色彩都變得更清晰可見。

　　接著，不要光用腦袋思考，也不妨問問你的內心與身體（提示：同時進行深呼吸）：

　　「為了更接近想實現的目標，現在我能做的事情是什麼？」

　　因為以上的方法只需憑直覺就可以做到，所以對於這個提問所浮現的想法，就當作你的第一步吧！

　　不論是什麼樣的一步，只要是你自行決定的事情，你就已經跨出朝向實現目標的旅程的第一步。

正念筆記 DAY 23

▼

1　有關自己想做的事，分別寫出一個最樂觀和一個
　　最悲觀的情境。

2　客觀比較兩個情境，坦白地寫出你從當中發現的
　　事情。

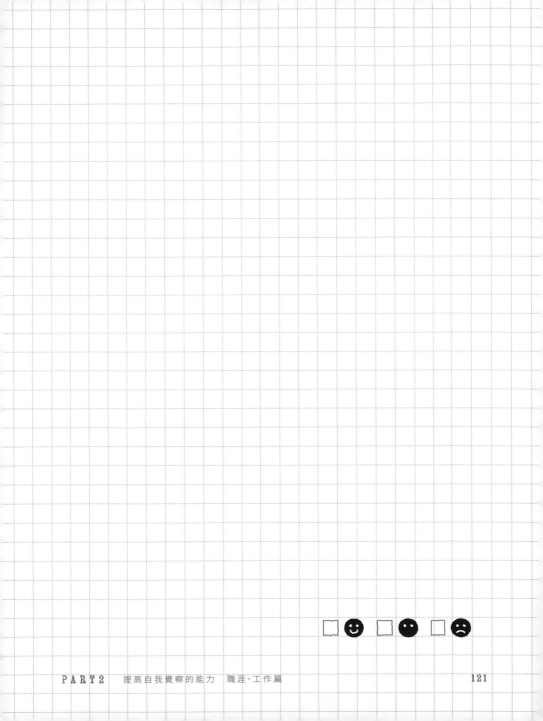

給 你 的 訊 息

即使有人對你說「把興趣當工作」

聽到「把喜歡的事當工作！」這句話，或是看到以自己的興趣謀生，大展身手的友人，總令你覺得十分煩躁。

探究這股煩躁真正的原因，會不會是源自下列的念頭呢？

- 對於無法從事喜歡的工作感到自卑。
- 原本就不知道自己究竟喜歡什麼事情，因而失去自信。
- 有家庭、孩子，覺得只追求自己喜好的事在現實中很難執行。
- 因為一直是上班族，不曾在工作中找到喜歡的事物，所以放棄了。
- 其實很嫉妒神采奕奕地「把興趣當工作」的友人。

也許現實生活中，能夠把興趣當工作的人，並不是那麼多。當然，能夠把興趣當工作最為理想，以此為基準，既可以當作目標，也能提升工作幹勁。

然而，更重要的是，不論現在的工作是什麼，你都能理解這個工作的意義與價值。發揮你的強項，從每天的工作中看見自己的價值，並全力以赴，這才是最重要的。

最後，不論這份「每天的工作」是什麼，當你能實際體會到和你的興趣有關，那就太棒了。

如果你現在還不是很清楚究竟喜歡什麼，不妨從工作的喜悅與樂趣中探索。

試著以下列兩個步驟進行正念書寫，尋找讓每天的工作變得充實的線索，或和自己興趣相關的提示。

這些提示不斷增加後，或許你就能看清楚你期盼變身成什麼姿態。

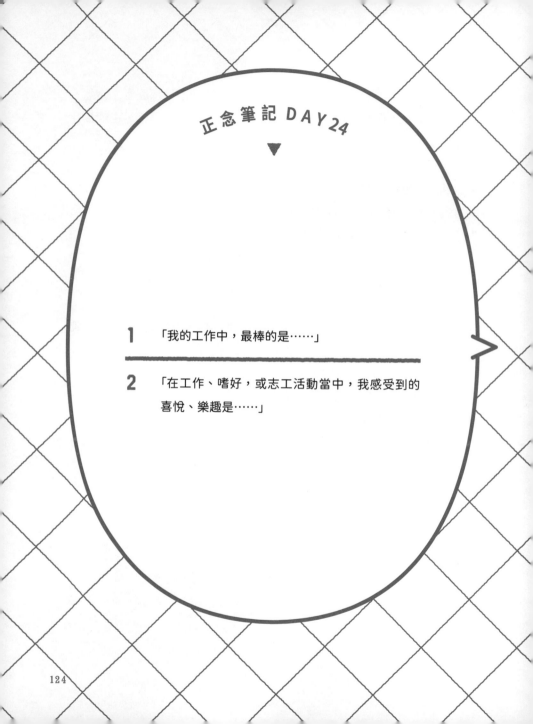

正念筆記 DAY 24

▼

1 「我的工作中，最棒的是……」

2 「在工作、嗜好，或志工活動當中，我感受到的
   喜悅、樂趣是……」

□ ☺ □ ☻ □ ☹

日 期 :

給 你 的 訊 息

擔心一旦休息就會拖延工作，
而在不知不覺中逞強

　　以下提議雖然有點突然，但請先承認你這個壓力的源頭，其實是抱負或進取心造成的。

　　特斯拉的執行長馬斯克曾在訪談中說：「沒人想變成像我這樣吧？因為真的太辛苦了！」

　　成就偉大事業的人，也同樣在追趕自己的腳步。

　　繼續成長的人，總是比現在的自己更進步一點，在不知道能不能辦得到的不安當中，不斷突破自我的極限。

　　「有點逞強」的感覺，表示你為了追求成長而努力，也可以說是你往前多邁出一步的信號。

　　不過，這也是程度的問題。

　　過度逞強到身心都崩壞以前，一定要先暫緩腳步。但是，能夠成長

的勉力而為，和崩壞身心的逞強，究竟要如何辨別呢？

　　經年累月的睡眠不足與疲勞，甚至無法判斷究竟該不該休息。如果你處於這樣的狀態，STOP！即使必須暫時擱置某件事，也應當休息。
　　如果連這麼做都有困難，就請你向家人或親近的人發出求救訊號。在你燃燒成灰燼，連向人求救的念頭都沒辦法有之前，先求救。

　　如果你在這之前，覺得「照目前這個樣子，前景堪憂」，那麼不論緩下來或繼續努力，可能都不是正確答案。
　　這是因為，就和開車兜風一樣，有時必須把油門踩到底，有時則必須踩住剎車放慢速度，有時則必須先暫時停下來，再繼續往前。
　　就算你現在選擇踩下油門前進，總有一天仍必須換成踩下剎車。踩油門與踩剎車並沒有好壞之分，而是透過自身的意志，確實做出選擇，並且不要忘記適時彈性調整。

　　像這樣一邊以適合自己的步調去調整油門及剎車，逐漸抓住對你而言有可能持續的節奏，你會發現生活步調更有彈性。
　　這麼一來，即使你感到心力交瘁，也能成為你最寶貴的學習經驗。

正念筆記 DAY 25

▼

1 讀了以上訊息後，你對自己的狀況有什麼感受？
如果是你的摯友或尊敬的人，他們會對你說什
麼？請無所顧忌地寫下來！

□ ☺ □ ◑ □ ☹

給 你 的 訊 息

▼

重新找回「以自己為標準的你」

　　看到朋友在社群網站分享他們工作的成果或五光十色的生活，為這些內容按讚的同時，內心卻有股難以言喻的焦躁。當你也處在絕佳狀況時或許能坦率地為對方加油、衷心為他祝福，但感到焦躁的時刻似乎占了多數。

　　社群網站原本就是為了吸引他人目光而設計。因為希望你停留在社群網站的時間更長、能夠看到廣告，才是他們的目的。

　　猶如為了滿足人的自尊心而設計的社群網站，使用者發表光鮮亮麗的生活成果而得到按讚數，因而沉迷上癮，就連歐美也因此釀成社會問題。

　　即使不使用社群網站，聽友人談論他們成功事蹟的話語也感到焦慮

時，那就是你的內心沒有得到滿足，因而下意識地與友人一較長短。你認為如果不是因為一事無成，不能像友人那樣過著多彩多姿的生活，就不會失去自信了吧？

設定自己的目標，尋求自我實現，對於敦促自我成長很重要。只不過，你是否應該不要再與他人比較，才去設定自己理想中的目標呢？

請先找出讓你煩躁的原因吧！

步驟一，透過正念書寫把你內在的感受先表現出來。

寫出來後，再以客觀角度審視所寫的內容，整理目前的狀態。你應該就能發現自己煩躁的原因。

步驟二，了解為什麼煩躁後，再完全以自己的標準，不與他人比較，寫下你理想中的目標，想前進的方向。

重新找回以自己為標準的你吧！

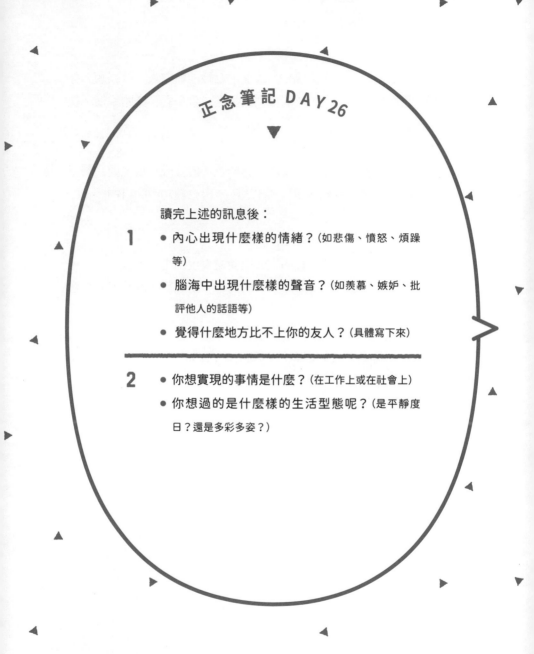

正念筆記 DAY 26

▼

讀完上述的訊息後：

1
- 內心出現什麼樣的情緒？（如悲傷、憤怒、煩躁等）
- 腦海中出現什麼樣的聲音？（如羨慕、嫉妒、批評他人的話語等）
- 覺得什麼地方比不上你的友人？（具體寫下來）

2
- 你想實現的事情是什麼？（在工作上或在社會上）
- 你想過的是什麼樣的生活型態呢？（是平靜度日？還是多彩多姿？）

給你的訊息

你可以儘管自豪的真正原因

曾幾何時，你開始與他人比較，對自己的外貌、工作、生活型態抱著自卑感。這幾乎是所有人都曾有過的深刻煩惱。

但這樣的自卑感只會讓你更無法自拔，所以不要再與別人比較而看輕自己了。

因為就算和別人比較，也沒辦法化身為「某個人」。

和理想中的「某個人」相比而變得沮喪，只是在浪費你寶貴的時間。

就算看起來平步青雲的人，也有在某些狀況下覺得自己沒有價值或沒有能力的時候。據說就連入圍過最多次奧斯卡獎的演員梅莉・史翠普，直到現在都還認為：

「我不知怎麼演才對？真的有人想在銀光幕上看到我嗎？」

因此，即使無法一直都能做到也沒關係，只要這一刻就好，完完全全地停止與他人比較吧！

你拚命地努力活到現在。
這個事實應該毫無疑問。
而且，正是因為如此，光憑這一點就是極為重要的一件事。

可能因為種種理由，有時一路順遂，有時卻又跌跌撞撞，經歷了許多起伏才有現在的你。
但你已盡力做到最好，一路摸索自己的道路才能面對眼前這一刻。
從結果來看，這就是你值得誇耀的一件事。

包括當下，你已經拚命活到現在。
這樣的你已百分之百足夠努力了。

正念筆記 DAY 27

▼

1　讀了訊息後，毫無顧慮地把現在的感受寫下來。

● 忠實地寫下任何想法、身體的感覺、浮現的記
　憶等等。

● 重讀所寫的內容，你發現什麼？例如為了自己
　而跨出的那一小步。

正念筆記 DAY 28

▼

1   回顧第4週的正念筆記，你有什麼發現呢？請毫無保留地寫下來！

PART 3 ▶▶▶

提高自我覺察的能力

工作與生活平衡篇

獻給工作與生活失衡的你

在日復一日的生活中，想必有很多人為了無法在工作與生活取得平衡而煩惱。

相信其中也有人雖然憧憬精緻、有質感的生活，重心卻完全放在工作上。「明知生活已經失衡，但就是改變不了⋯⋯」

或許確實有些強人所難，但這個情況下，當事人反而該採取最困難的行動。

也就是立刻停下腳步。

當你感到「生活可能已經失衡」時，代表應當立刻按下暫停鍵的警訊出現了。

首先，試著稍微暫停腳步。

給自己多一點喘息的空間，讓今天不要像昨天那樣神經緊繃到幾乎窒息。先從這樣的狀態重新檢視工作與生活的平衡。

正在煩惱工作和生活失衡的人，也許連面對這本正念筆記都需要勇氣。

但是，你應該已經發現，其實撥一點時間與精力寫正念筆記也無妨。

我們的身心無法永遠維持同樣的狀態，而是時常擺盪不定。

正因為如此，所以值得每天撥一點時間持續注意自己的狀態。

覺得總是諸事不順時，不妨邊修正軌道邊調整工作與生活的平衡吧！

提高後設認知的能力

如果你內心出現「想要按下暫停鍵卻停不下來」的想法時，很可能就是我在PART2當中說的，因為憂慮「無法預見的未來」而感到不安。

感到不安是人之常情。而過度思考這樣的不安，就會更加令自己不敢暫停片刻。

因此我建議提高後設認知（metacognition）能力。

這裡說的後設認知，是指嘗試去認識（認知）自己是如何面對眼前的人事物的。

原本心情每天就處在毫無餘裕的不安狀態下，或許會認定自己無法改變這種狀態，或是害怕改變所以持續保持現狀。

為了認清這種困境，我們應該試著停下腳步，提高後設認知能力。

正念書寫是提高後設認知能力的一個有效方法。

例如，試著記錄三天的行動及情緒，讓你在物理、心理層面，與所寫下來的文字保持距離，這麼一來，更容易站在客觀角度俯瞰自己，因而發現過去不曾注意到的地方。

當工作與生活失衡時，身邊的家人或友人、同事應該會告訴你：「你的工作與生活失衡了啦！」或「你是否該重新檢視一下自己的生活？」
然而出乎意料的，即使身旁有人提醒，我們通常都置若罔聞。

要能真正痛下決心醒悟「的確不改變不行」，必須自己去覺察。
只需以這樣的心態去面對正念筆記，你就已經跨出一大步。

總是在原地踏步，是大腦的本能作祟

如果毫不思考只是重複做同樣的事情，思考模式也會僵化，以同樣的思維在原地踏步。
「今天也快累死了。」
「要是當時我沒那麼說就好了！」
「真希望體重能再多減幾公斤。」

就如同我在第42頁中說過的，在同一件事情上陷入同樣的思維，

稱為反芻思考。

　　人類大腦的神經迴路，越使用就越容易形成慣性，同樣的思維不斷地循著同樣路徑打轉。如果放任不管，就會在原地踏步。

　　打個比方來說，思考就像開車兜風。反芻思考就是即使已經開車開得很累，窗外景致也不佳，卻因為慣性而依然行駛「既定路線」。

　　但若是能處於正念狀態，就能離開既定路線，選擇行駛在其他道路上。

　　透過正念書寫，意會到「咦？這個問題這麼思考或許比較好」，就能開始探索新的道路或目的地。

當你在意世人及旁人的眼光時

　　此外，有時我們會因為在意世人或周遭的眼光，以致在原地徘徊，不敢採取行動。

　　在過去，人通常在能被社會接納的情況下維生。不融入社會群體就難以存活，是根深柢固的觀念。

　　然而，這只是農業社會必要的思維。在個人獨特性更受尊重的現代社會，這樣的觀念反而是一種阻撓。

話雖這麼說，有些觀念並不因時代更迭而產生變化。

承受「必須符合周遭對我的期待」的壓力，在討論情緒問題之前，你得先了解原本就會有這樣的壓力。

這樣的壓力並不等於你想做的事，也不會為你帶來真正的幸福。不過，只要充分理解壓力形成的原因，相信你的心情就能變得輕鬆。

即使覺得「必須符合周遭對我的期待」，如果能時常想起「這是基於本能產生的思維，我並不是絕對必須符合這樣的期待」，這個本能就能漸漸失去對你的影響力。

同時，我認為不妨想想那些你認為傑出的人。

請你想想那些能夠不斷成長，活出自我的人，再想想「如果換作是我的話……」。

聆聽「內心的聲音」

陷入迷惘的人時常會問：「我該怎麼做才好？」期望找出一條正確的道路。

然而，世上從來不存在所謂正確的道路。你應走的道路只有靠你自己發現，不可能由別人來指引你。

為了探尋屬於你的道路，試著去培養好奇心。好奇心將能成為你在大霧中前進時，為你指引方向的羅盤。

心想「希望試試看」，然後實際去嘗試，你的獨特性就會顯現。

在進行正念書寫時，你一定能看見自己的獨特性。

你「喜愛的事物」屬於你個人所有，絕對沒有人可以否定，因為那是你的自由。

能夠注意這個事實，並且重視它，你就能取得工作與生活的平衡，做你自己。

只屬於你的「內心的聲音」，此刻是否也充滿好奇心，正伺機而動呢？

正念筆記 *DAY 29*

▼

1 　讀了前面的文章，寫下你對於達到工作與生活的
　　平衡有什麼新發現。

給 你 的 訊 息

度 過 充 實 人 生 的 祕 訣

「如何度過每一天都充實的人生？」
這或許是人類歷史的一個命題。

　　尤其是新冠肺炎疫情發生後，從都會區搬往郊區的人口成長、轉職的人數增加，有許多人不再把工作視為人生的首要，而更重視親人、家庭、社會活動，成為全球趨勢。

　　但是，也有人正因為處於這樣混亂紛擾的時代，為了開創人生新局面，在工作、事業更加全力以赴。

　　距今約一千九百年前的羅馬君主奧理略（Marcus Aurelius），在記錄其所思所想的《沉思錄》（*Meditation*）中，寫了以下這段話：

拋開一切，要記住：人的生命唯有眼前這短暫的一瞬。其餘的不是業已過去，就是可能永遠不會來。

　　各時代有許多賢者都告誡人「此地此刻」的重要性。
　　而在我們置身的時代，「正念」之所以受到注目，正是因為到頭來，充實每一天的關鍵，就如同奧理略所寫下來的名言，要活在當下這短暫的一瞬，不是嗎？

　　不論自己所處的環境、職業、家庭或社會狀況如何，即使置身痛苦悲慘的境遇，也應該專注在眼前這一瞬間，努力活在當下。
　　不要把心思放在你匱乏、覺得不滿的事物，應該滿足現在這個瞬間，把注意力放在你認為值得感謝的事物。
　　就讓我們凝煉出確實重視此地此刻的專注力吧！

正念筆記 DAY 30

▼

1   此地此刻，當下讓你感到滿足的是什麼？
        讓你覺得值得感謝的又是什麼？

給 你 的 訊 息

試 著 以「初 心」觀 察 日 常

　　每一天，住在同樣的地方、在同樣的區間通勤、在同一個場所工作。

　　每一天，在固定的時間吃早餐、上班、下班，接著吃晚飯、上床睡覺。

　　每一天，不知為什麼，過著公式化的生活、工作，重複著不好也不壞，沒有特別不滿，但似乎也並不覺得滿足的生活。然而，有時會忽然感到不安。總是千篇一律、毫無刺激也毫無變化的生活，這樣真的好嗎？

　　也有人覺得千篇一律地過著每天的生活，有種莫名的危機感。

　　日文中「千篇一律」（Manner）這個詞，原本是「Mannerism」（風格主

義，又譯矯飾主義）一詞的省略，用來指「事物一再重複的惰性，陷入固定模式而失去獨特性與新鮮感」。

　　如果每天的生活讓你覺得千篇一律，就是需要培養正念的狀態。
　　正念雖然是「覺察當下」，但要提高覺察能力，則需要好奇心。而為了提高好奇心，訣竅就是保持「初心」的觀察力。

　　對於每天置身的場所，都帶著彷彿初來乍到的「初心」去觀察。比方說，也許你會在每天通勤的途中，發現綻放的野花。

　　另外，即使每天同樣的行為，也不妨帶著「初心」，改變觀察的角度。比方說例行製作的報告，試著以你還是新進員工時的角度去看它，或許你會感受到自己的成長。

　　請在今天剩餘的時光，甚至明天一整天，帶著初心，進行下一個工作與正念書寫。
　　重複這樣的習慣，你應當就能培養出在機械化的日常生活，發現非日常的驚奇或新鮮感的能力。

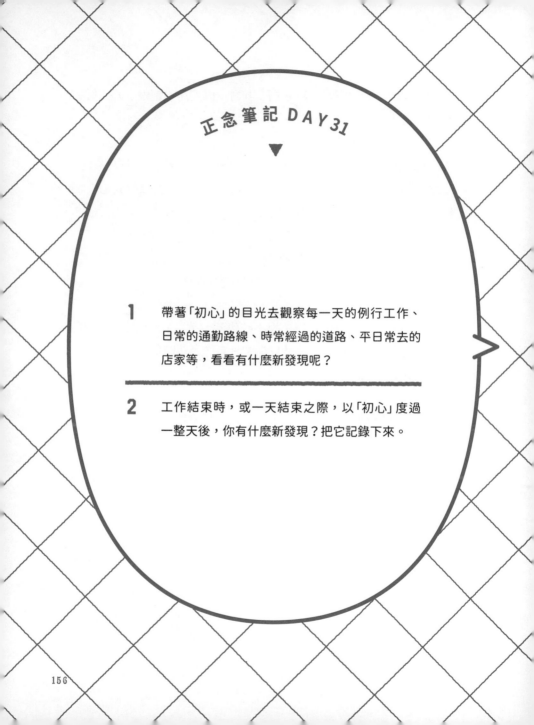

正念筆記 DAY 31

▼

1 帶著「初心」的目光去觀察每一天的例行工作、
日常的通勤路線、時常經過的道路、平日常去的
店家等，看看有什麼新發現呢？

2 工作結束時，或一天結束之際，以「初心」度過
一整天後，你有什麼新發現？把它記錄下來。

給 你 的 訊 息

諸事不順時，
希望你能參考的三種觀點

全心投入的結果卻不如預期。

這樣的狀況持續下去，豈不是會身心俱疲而責備自己，或是怪罪他人、抱怨外在環境嗎？

確實，不論是工作或人際關係，努力之後有無成果，除了你自身的力量，還有那些你無可奈何的因素，如時機、運氣、世界情勢、他人的行動等，諸多複雜條件摻雜交錯的結果。

因此，接二連三的不如意，會感到痛苦也是人之常情。

然而，即使現在的狀態令你心灰意冷，也絕對不代表你就是無能。反而應該說，比起那些不如意，有更加重要無比的事情需要你重視。

那就是為了成為理想中的自己，希望過充實的人生，磨練你的能力、膽識及本性的過程。這些都是事情進展不盡如意時才有的收穫。

因此，與其糾結成果而灰心沮喪，不如換個角度思考，就正面意義來說，這是「習慣失敗」的訓練。而且，這樣的經驗必定能讓你提升自我。請你在內心深處永遠記住，這能更接近理想中的你。

當你遇到這樣的試煉機會，希望你參考的三個不同觀點——**「接納的膽識」**、**「改變的勇氣」**、**「辨別的智慧」**。這三個觀點在〈寧靜禱文〉（Serenity Prayer）表現得言簡意賅。

神啊，
請賜予我冷靜，好讓我能接受，
我無法改變的事情。
請賜予我勇氣，好讓我能改變，
我能去改變的事情。
請賜予我睿智，好讓我能區別，
以上這兩者的不同*。

轉換你的心情，重新去面對。
你現在所投入的事情，能改變的是什麼？
而什麼又是無法改變，應該坦然接受的？

蓮花的盛開，需要泥沼滋養。為了讓你活得像自己的那一天燦爛綻放，何不試著用以上三個觀點去檢視你現在所遇到的狀況。

----

* God, Grant me the serenity to accept the thing I cannot change, the courage to change the thing I can change, and wisdom to separate the difference.

正念筆記 DAY 32

▼

1 　　讀了前述的訊息後，有關你現在的狀況，哪些是
　　可以改變的？哪些是無法改變的？毫無保留地寫
　　下來吧！
　　此外，讀了訊息後，對於你現在的狀況，有什麼
　　感受，也盡情地寫下來。

日 期：　　　　　　　　　　　

給 你 的 訊 息

不 隨 他 人 的 評 價 起 舞

「生活多彩多姿的人，在媒體或社群網站公開他們可以博得讚譽的成果，獲得數以百計、數以千計的按讚數。相形之下，我的工作與生活一點也不起眼……」

如果你總是下意識地一直進行這類的比較，當然會時常抑鬱不樂。

從旁人獲得的讚美，或許可以在短時間內肯定自我，但一如社群網站不斷更新的訊息，如果不持續上傳新內容，這些受肯定的感受也會迅速消失。

在這樣的時代，與其追求這些表面而短暫的榮耀，更重要的是發自內心地認為「這樣就很好了」。培養這種能肯定自我的心態越來越重要。

●不是光看結果，而是好好地投入過程，細細品味過程
　就能覺得有趣（Engagement／參與）

　　我們往往容易因為急於產出成果，所以忽略細細體會面對當下的過程。

　　但是，專注於當下投入的事物，精神處於神馳的狀態時，人會覺得幸福。正因為深刻投入過程，才能獲得專心一意而帶來的喜悅。

●「若能做到這個程度就很棒！」、「享受能完成這件
　事的過程，加油！」（Measurement／衡量）

　　心理學家丹尼爾・平克（Daniel H. Pink）曾說，任何能力或技能，只要我們能感覺到一點一滴的進展，就會為我們帶來極大的喜悅。決定自己可以負荷的下一個目標或標準，朝這個方向努力，感受「這樣就很棒了」的成就感，也是讓自己充滿活力的原因。

　　比方說，每天早上散步十分鐘，以度過健康的一天，或是為了現在的專案簡報，先規劃事前演練或情境模擬的時間等，安排一些過去不曾做過，但具體可行的活動。

　　從那些你耿耿於懷的外在且表面的評價中解脫，不論工作或生活，去感受屬於你的喜悅及滿足，能為你帶來自信與實際能力的提升。

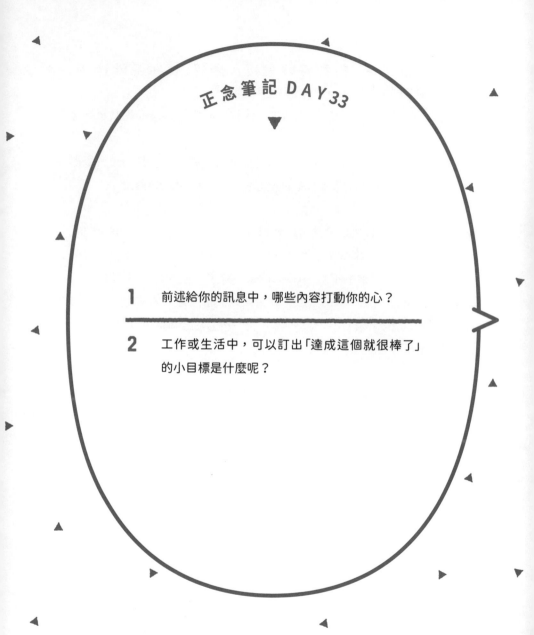

正念筆記 DAY 33

▼

1 前述給你的訊息中，哪些內容打動你的心？

2 工作或生活中，可以訂出「達成這個就很棒了」
的小目標是什麼呢？

給 你 的 訊 息

邁 開 活 出 自 己 人 生 的 第 一 步

在美國，由於新冠肺炎疫情的緣故，引發了大離職潮（The Great Resignation），辭職、換跑道的人急速增加。

推動大離職潮的因素，除了政府的防疫措施影響正常通勤上班，採取遠距工作，使工作地點自由、不需通勤時間的嶄新工作模式變得可能。但另一方面，也有人因為職場和居家合而為一，難以切換工作與生活的界限，因而感到身心俱疲，萌生必須重新檢視自身工作型態的念頭。

在日本，不僅大企業，就連中小企業也開始以遠距工作為前提，重新整頓職場環境。這樣的公司大為增加。

我們MiLI從過去就不斷對經營者強調：「重視員工福利的工作方式，已經是重要的企業經營策略。」而準備具有彈性的工作模式，以吸

引優秀的員工，這樣的企業也在增加當中。

利用這樣的企業變革，單身者或是全家從都市搬到外地居住，來充實自己生活的人更是大量增加。

過去認為「雖然希望過更充實的生活，但無法換工作」的人，務必掌握這個絕佳機會，透過網路蒐集資訊，向那些改變生活型態的人請教，並跨出充實生活的第一步。

另一方面，原本就在都會區以外的地方工作，完全感受不到職場環境有任何改變；或是從事醫療、運輸等工作，因為有必要親自到工作現場，所以難以改變工作模式等，認為換工作的想法不切實際的人，相信也不在少數。

只要你有期盼生活更加充實的想法，為了改變現況，就必須採取行動。

希望你能嘗試以下的正念書寫，作為實踐充實生活的小小行動契機。

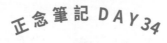

正念筆記 DAY 34

▼

1 先不要顧慮目前的工作限制，試著描繪出你理想
中的人生與生活型態。
例如，住在海邊，週末愉快地從事農耕等副業。

─────────────────────────

2 爲了實現這個理想的生活，列出從今天開始、或
本週開始，可以開始付諸行動的一小步。
例如，週末到海邊逛逛。購買可以在家種植的蔬
菜幼苗，試著栽培看看。參考教授銷售技能、知
識技術的網站，評估你想經營的副業是否可能付
諸實現。

正念筆記 DAY 35

▼

1 　回顧第5週寫下的正念筆記，你有什麼發現呢？
　　請坦率地寫下來。

正念筆記 DAY 36

▼

1　從今天開始，進入第6週。
　　你希望度過什麼樣的一星期呢？
　　把現在浮現內心的想法，盡情地寫下來吧！

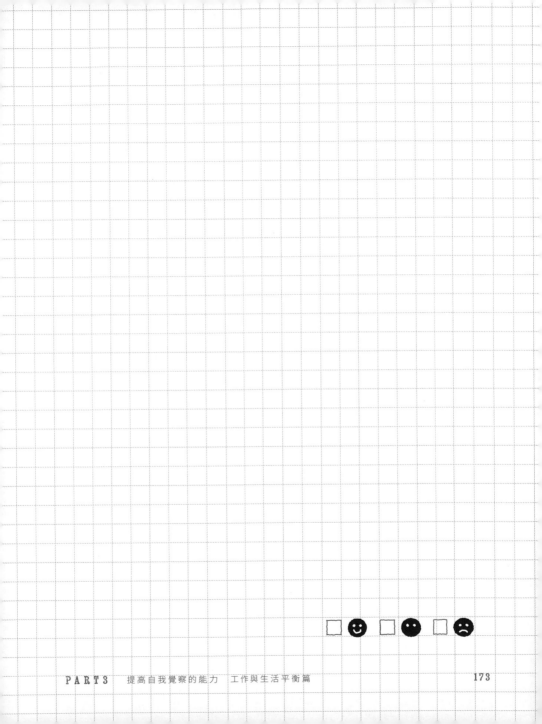

☐ ☺ ☐ ☻ ☐ ☹

給 你 的 訊 息

▼

找 出 夢 寐 以 求 的
工 作 方 式 及 休 閒 方 法

　　把工作當作人生使命而投入的人，又或是以興趣優先過著時尚生活的人，都令人欣羨。不過，要是能夠擁有收入的同時又能過得開心，真希望魚與熊掌兼得。

　　希望你務必好好珍惜這些有點奢侈的欲望。

　　正如日本諺語「學習（工作）有時，玩樂有時」，工作時專心工作，玩樂時盡情玩樂，更能有相輔相成的效果。

　　生活充實能帶來工作活力；工作充實能使生活更愉悅。這種相輔相成的效果，能使我們原本有限的精力提升到120%，甚至150%。

　　你不知取得什麼樣的平衡或生活型態才好？

　　有一百個人就有一百種不同的素材與組合方式，一定有最適合你的

生活型態。

　　該怎麼做，千萬人有千萬個答案的情況下，唯一的正確答案只需由你自行決定就對了。

　　「每天忙碌得疲於奔命，要兼顧工作與玩樂根本天方夜譚！」

　　有這種想法的人，更應該藉由玩樂為心靈帶來能量，重新取回一點餘裕。

　　例如小學時的下課休息時間只有二十分鐘左右，但需要重振精神的人，不分大人小孩。長時間重複做相同的事情，工作效率會下降。

　　就算只有二十分鐘也好，試著決定一天當中的某個時間，從事輕鬆休閒的活動。

　　好比說散散步，或是邊品茗邊聆聽喜愛的音樂、拼圖或著色、拿出喜愛的文具寫寫日記等，這麼一來其他時間的專注力或生產力都能提升，你會發現，當一天結束，滿足感也跟著大增。

　　另外，也推薦你試試看以每天或每週、每月、每年、每隔幾年等不同週期，將一些休閒娛樂列入清單，然後分階段逐步實踐。原本漫不經心度過的時間，加上一些點綴活動，就能更有充實感。

　　要找到符合你「工作有時，玩樂有時」的生活型態，或許需要一些時間，也需要一些勇氣，但不久的將來，必定能夠超乎你的預期，實現屬於你的獨特生活方式。

正念筆記 DAY 37

▼

1   把讀了訊息後內心浮現的想法，毫無顧忌地寫下
      來吧！

2   寫下你所想到的，每天或每週、每月、每年、每
      隔幾年等等，想進行的休閒活動。

給你的訊息

▼

只要能說出憂慮及壓力，就能專注在「此地此刻」

　　企業研習時，常聽到除了工作，下班後必須照顧年幼兒女的女性上班族這麼說：

　　「剛過午餐時間，回公司途中，就開始忐忑不安，擔心今天是否來得及去安親班接小孩？因而懷著焦慮的心情工作。」
　　「一回到家，雖然孩子在身邊，卻老是在意著隔天的工作及職涯的規劃，無法把心思放在家事或孩子身上。」

　　即使不需要照顧子女的上班族，應該也有很多人連下班時間都掛慮著工作或感到有壓力，以致無法放鬆休息，莫名地感到憂慮而打開電腦，檢查郵件。結果，連下班或假日都無法充分休息，導致感受到更大

壓力。

歐美國家有所謂「離線權」（Right to Disconnect），也就是明文規定下班後有權對於工作上的郵件「已讀不回」。

另外，歐洲的某個國家甚至制定法令，若是下班後還要處理工作上的電子郵件，公司將被開罰。

由此可知，若是放任不管，多數人即使下班後也會在意工作上的事情而去檢視郵件。另外，公司也可能形成一種氣氛，迫使員工在不知不覺中即使私人時間也會去確認工作上的郵件。

社會確實有必要訂定妥善周全的制度，來改善員工下班仍在意工作上的事。但連下班後也擔心工作事務，因而形成壓力，畢竟還是因為人缺少「此地此刻」的意識，所以會對已經發生過的事耿耿於懷，或對未來惶惶不安，以致焦慮感源源不絕。

不論工作順遂或不順遂，一旦憂慮未來的工作狀況，不安的情緒總是無止境。

你應該注意的焦點，是「此地此刻」的狀態。試著把盤桓在內心或腦海中那些過去的、未來的事都趕走。

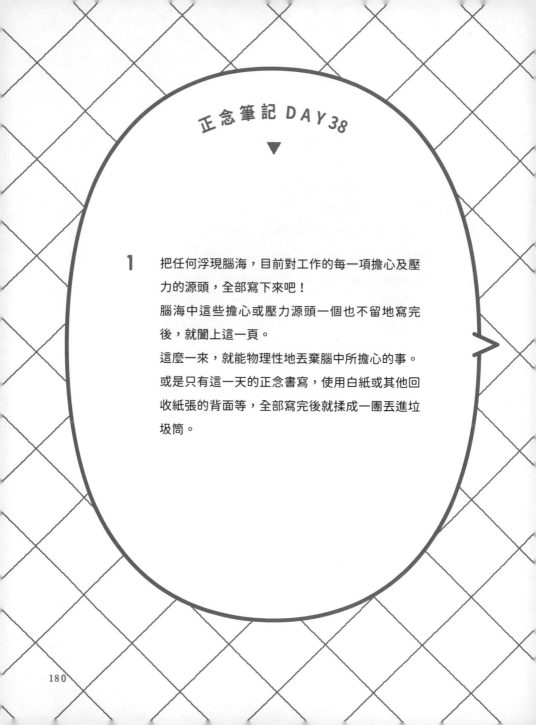

正念筆記 DAY 38

▼

1 　把任何浮現腦海，目前對工作的每一項擔心及壓
　　力的源頭，全部寫下來吧！
　　腦海中這些擔心或壓力源頭一個也不留地寫完
　　後，就闔上這一頁。
　　這麼一來，就能物理性地丟棄腦中所擔心的事。
　　或是只有這一天的正念書寫，使用白紙或其他回
　　收紙張的背面等，全部寫完後就揉成一團丟進垃
　　圾筒。

給 你 的 訊 息

當心靈能量歸零時

你是否曾有過不論假日或平日，做什麼事都懶洋洋，毫無幹勁，於是便無所事事地度過一天？

如果是單純的身體不舒服，對於身體局部症狀的不適，理應會採取適當的解決辦法。

然而，你並不是身體有任何不適，只是莫名地提不起勁、對一切意興闌珊，不是嗎？

這或許就是我們的心生病了。

即使長大成人，我們仍然不知道如何去掌握心理狀態，如何去面對心病，調整心理狀況，而周圍也很難有人指導我們。

心理狀態處於「懶洋洋、毫無幹勁」時，放任自己就這麼無所事事地度過，也是一個選項。

只不過，若是一再反覆發生這些狀況，而你希望有所改變，不妨學習如何去應對這樣的心理狀態。

感覺全身無力、什麼也不想做……這些心理的症狀，或許是你心靈能量歸零的狀態。就像植物缺了水，乾枯萎靡的樣子。

如果是植物，只要澆足夠的水，給它足夠的日曬，植物就能再次生機蓬勃。

相同的，也給我們的心靈水分與陽光吧！

因應心情狀態可能有異，或許安慰、體貼的話比鼓勵的話語更有必要。

就如同給予植物水分，也要餵養自己的心所喜愛的養分。

與其渾渾噩噩地過，不如盡早讓自己煥然一新。

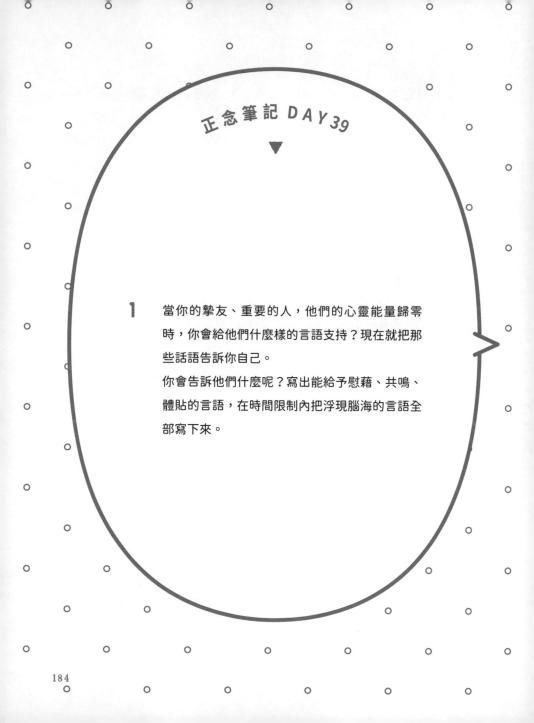

正念筆記 *DAY* 39

▼

1 　當你的摯友、重要的人，他們的心靈能量歸零
　　時，你會給他們什麼樣的言語支持？現在就把那
　　些話語告訴你自己。
　　你會告訴他們什麼呢？寫出能給予慰藉、共鳴、
　　體貼的言語，在時間限制內把浮現腦海的言語全
　　部寫下來。

□ ☺ □ ☻ □ ☹

給 你 的 訊 息

▼

充實每一天的
正念工作清單管理法 ① ：
把 Happy Ending 加入預定表

　　今天該完成的工作、預定計畫，使用日誌或手機，又或是在腦中列出清單去完成的方法很多。

　　把應做事項可視化是很有效的做法，但你是否有過如下的經驗？

- 無法按照預定計畫完成的清單堆積如山，因而貶低自己：「我這個人實在太沒用了。」
- 每天被列出的工作清單壓迫得喘不過氣，一點都不開心。

　　因此，我想分兩次介紹可以提高清單完成度，而且增加樂趣的私房工作清單管理法。

　　第一個方法是「事先加入Happy Ending」。

　　在列出應辦事項的工作清單時，就當作為一天的結束畫下完美句

點，加入能帶來小確幸的預定事項。

即使只是微不足道的小事，即使只是跟風，任何能夠令自己雀躍的事情都可以。

● 列出清單

把工作、預定計畫列出清單。

● 在清單上追求一天結束時能帶來小確幸的行動

例如：穿著喜愛的家居服輕鬆欣賞影片、音樂；品嚐美味的巧克力及陪伴心愛的寵物；在正念筆記寫下你的感謝等。

上述方法，尤其希望「根本無法撥出屬於自己的時間」的人，能作為參考。

過著耗損心靈能量的每一天，過著生產力、效率及愉悅感有減無增的每一天。在不愉快的情況下，工作效率持續下滑，仍想繼續這樣過下去嗎？或是想好好照顧自己讓效率提升？希望你能再次想想。

透過這樣的做法，能讓每天的計畫，在「應該做的事」與「開心做想做的事」當中取得平衡。

然後，在這樣的一天結束時的心理狀態，相信也會為隔天帶來良好的影響。

正念筆記 DAY 40

1 **列出清單**

以 Happy Ending 作為一天結束時的目標，列出
工作項目和時間表。
並將同一時間想到的事情都寫下來。

日 期 :　　　　　　　　　　　☐ ☺　☐ ☻　☐ ☹

給 你 的 訊 息

充實每一天的
正念工作清單管理法②：
應該先從哪件工作開始呢？

管理法① 介紹了能為工作清單帶來愉悅，在責任與愉悅中取得平衡的方法。

管理法② 則是要介紹明知重要，但在進行其他待辦事項之際，如何讓不斷往後拖延的事項能夠確實達成的方法。

這個方法是訂立一個規則：**把雖然重要卻棘手的工作，放在當天的首件工作，並在事先決定的時間內做完。而且，其他事項在首件工作結束前絕對不去碰它。**

或許你會認為：「什麼？只是這樣而已？」但**這是把符合我們生理節奏的能力發揮到最極限的有效方法。**

不論你是晨型人或夜貓子，**創造性的點子或高作業效率，都是一天**

190

起床後的幾個小時以內最多、最高，接下來就開始下降。

但我們總是很容易地認為，先進行簡單的工作事項可當作暖身。

然而這麼一來，我們等於浪費了寶貴的時間或精力，到了要處理最重要的工作事項時，已錯過了專注力及創造力的尖峰，反而沒辦法順利完成，導致工作到很晚甚至超過截止期限。你是否日復一日都重複這樣的狀況呢？

一天的開始用來處理困難而重要的工作事項，更容易發揮我們自然的生理節奏，讓我們事半功倍。因為我們有效運用寶貴的時間。能夠防止到了很晚還在處理重要的工作，接著因為睡不好，隔天早上又精神不佳的惡性循環。

剛剛說過，這個做法也適用於夜貓子。夜貓子特別容易在一天的結束時用來處理重要的工作，必須格外注意。即使現在無法意會，希望你先嘗試實行這則訊息內容的重點後，再加以評估。

這個簡單的做法和管理法①的「Happy Ending」合併使用，相信能夠讓你愉快又確實地完成重要工作，加速成為「有能力的自己」。

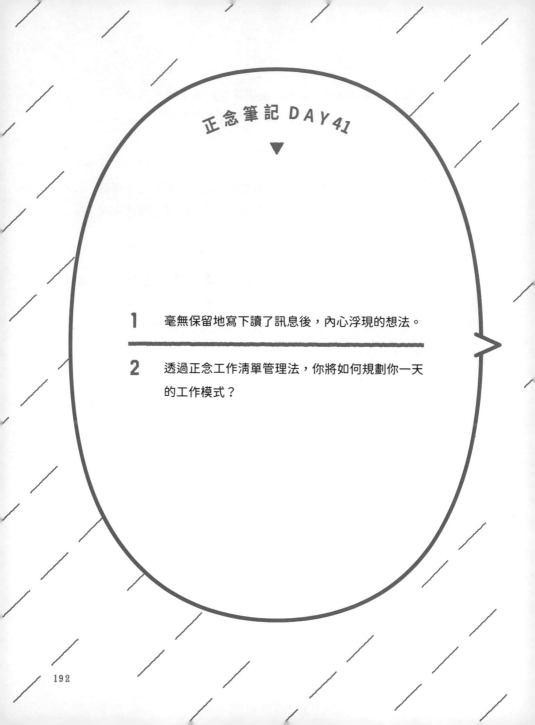

正念筆記 DAY41

▼

1 毫無保留地寫下讀了訊息後，內心浮現的想法。

2 透過正念工作清單管理法，你將如何規劃你一天的工作模式？

□ ☺ □ 🙂 □ 🙁

正念筆記 DAY 42

▼

1   回顧第6週的正念筆記，你有什麼發現呢？請寫
下來！

PART 4 ▶▶▶

提高自我覺察的能力

人際關係、連結篇

獻給感到孤獨的你

世人有千百種形形色色的煩惱，其中多半都是與人際互動有關。我想應該沒有人不曾為人際關係煩惱過吧？

尤其是近幾年，感到孤獨的人想必特別多，由於受到新冠肺炎疫情影響，許多人因為無法與他人接觸而倍感孤單。

為什麼人會感到孤獨呢？可以推測出的理由林林總總，但最主要的原因，應該是期望與他人親密友好卻事與願違。倘若原本就沒有與他人接觸的欲望，就不至於產生孤獨感。

但是，你期望意氣相投的對象，不一定是指其他人。

有時我們也不知如何獨處，或許這才是最令人感到最寂寞的。

有時就是因為無法和自己相處，所以只好向外索求，結果因為旁人無法了解自己，因而感到寂寞。

正念書寫雖然是一個人獨自進行的活動，但絕對不會令人因而感到孤獨。

反而應該說，由於一筆一劃帶來的安定感，因此能獲得精神的養分，令你感到充實。

透過正念書寫學會和自己相處，或許無法直接解決孤獨感的問題，但我想應該能緩和寂寞的感受，並支持你的內在情感。

人際關係的問題從何而來？

孤獨感雖然令人苦悶抑鬱，但相對的，與他人的交往也同樣會帶來煩憂紛擾。

人際關係的問題，確實錯綜複雜。

其中一個原因，就是對他人抱持過度的期待。

因為抱著期待，所以當期待落空時才會抱怨連連。這樣的情況時有所聞。

所謂「對你有所期待」，也就是內心自認為「理解對方」。然而，就如本書一再指出的事實，我們連要了解自己都有困難，更遑論了解他人。真正理解一個人原本就不太可能。

因此，明明不可能理解他人卻企圖理解，這樣的想法可能過於自大。

至於這樣的期待是從何而來？我想最主要的因素，很可能是先入為主所導致的成見。

因此，去覺察「或許是我對他人的偏見」極為重要。

因為人會戴著各種有色的眼鏡去看待他人，所以每個人眼中看出去的世界當然不一樣。

如果不先牢牢記住這個道理，一旦對於事物的看法、觀點和別人稍有差異，就很容易認為「這個人好奇怪，我應該跟他合不來」，甚至怨

天尤人：「為什麼他不了解我呢？」

　　這些想法的背後因素，就是先入為主地把個人主觀套用在別人身上，認定「理當如此」，但其實很可能只是你的想法有偏差。

　　英文有句諺語：It takes two tango.（兩人才跳得成探戈）

　　探戈要跳得好，兩人必須相互配合對方的舞步。所以這句諺語也可以解讀為「一個巴掌拍不響」，吵架的責任不可能只歸咎其中一方。

　　和他人之間產生衝突時，有一半的原因在對方身上，另外一半的原因必然出在自己身上。但是，若是希望改變，唯有靠你自己。

　　首先必須好好地了解自己，若是有必要，就設法改變。

- -

與他人交往的方式，自己決定就好

　　若是真心想與對方相處融洽也就罷了，但有時情況並非如此。儘管違背心意，你卻認定必須一視同仁地與所有人融洽相處。你是否暗地裡有這樣的苦惱呢？

　　對於這樣的你，我們想告訴你的是，沒有必要和每一個人都維持好交情。真要問我意見的話，我認為「期待和每一個人都互動良好」這個想法，就是先入為主的成見。你根本不需要拘泥在「一視同仁，與所有人和樂融融」的思維裡。

糾結在這個想法的結果，有時反而會形成類似以下的壓力：

「為什麼他說話如此過分？」

「明明想和他人和平相處，卻因為他的緣故無法有良好的互動。」

與他人的相處方式，不該把決定權交到對方手上，而是應該由你自己決定。

相處稍有扞格就立刻斷絕往來，只與覺得好相處的人來往，久而久之，有一天將發現你身旁沒有任何人，人際關係很可能會變得無比狹隘。

為了避免釀成這樣的處境，對於那些你不擅長與他們相處的人，抱著好奇心的態度與他們相處十分重要。

即使對某個人有「不太想聽他高談闊論」的想法，也不妨透過正念冥想，試著寫下為什麼會對他感到厭惡。

這麼一來，你可以理解別人，也可以理解你自己：「原來我討厭這樣的觀點」、「原來他的想法是如此」。

急就章地下定論以前，先進行正念書寫，或許你能轉念：「也許無法和他成為知交，但下回碰面時，我還是嘗試聽聽看他想說什麼。」

要是能夠以這種態度去面對，相信你的世界將更開闊，也能因而擴展人際關係。

活出「你想要的樣子」的必要條件

「活得像自己」，和花開的過程很相似。

例如，蒲公英要生氣蓬勃地綻放出蒲公英的姿態，並不需要先了解「什麼是蒲公英」，而是——

「要盡可能面向太陽！」

「現在要吸收雨水的滋潤！」

只需每天讓身心都能吸收成長所需的養分與元素，就能成為美麗的蒲公英。

「活得像自己」不也和花開的過程很相似嗎？

因此，我想告訴現在正在煩惱的你：「即使不明白什麼才是真實的自己也無所謂！」因為持續去認識什麼是你成長及身心需要的養分，持續保持和這些事物的連結才是最重要的。

即使剛開始無法以文字或語言表達「真實的自我」也不必在意。

相較於如何以言語表現「真實的自我」，我認為更重要的是真實的切身體驗。身心感受到真正的舒服自在，才是真實地做自己。

如果不明白對自己而言，怎麼樣才是自在舒適的感覺，你永遠都會被不安、緊張的情緒糾纏。

對自己而言，安心、安全，而且能夠放鬆，同時在這樣的狀態下，更進一步建立恰如其分的自信、跨步向前邁進的熱情，這是任何人都能得到的狀態。

這樣才能讓自己充滿好奇心，如同孩子般一心一意去追求目標。

重拾這樣的感覺才是最重要的。

靈活運用「關係」、「連結」的正念態度

處在正念狀態時，就是真實的你。

如果抱持正念卻任何事都要軋上一腳，大概談不上是真實的自我吧？藉著重新堅持做自己，也會改善與他人的關係。

「努力活在當下。」

「以真實的自我全力以赴。」

脫去內心鎧甲的你，在周遭的人眼裡將會顯得更有魅力。當你發現自己對於他人帶有主觀偏見的期待時，就能以放鬆、柔軟的態度與他人來往。

人很難以百分之百的注意力去面對所有人事物。

但我認為只要能百分之百去面對和接納所有的人事物，就是與人建立連結的最佳方法。

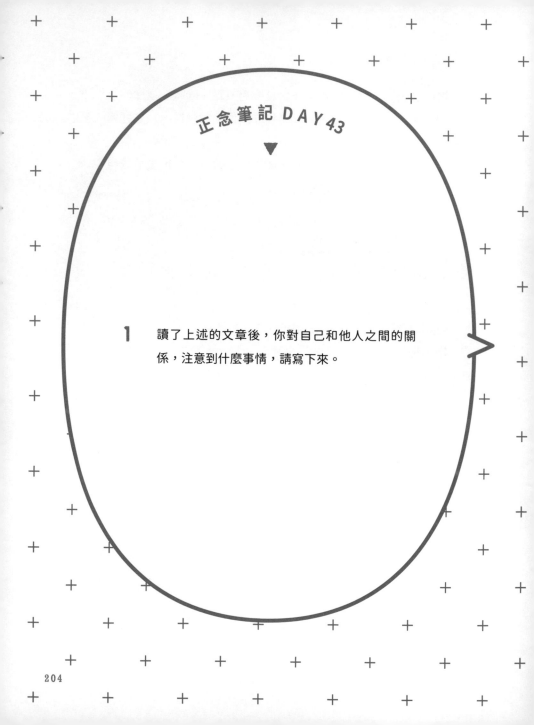

正念筆記 DAY 43

▼

1 讀了上述的文章後，你對自己和他人之間的關係，注意到什麼事情，請寫下來。

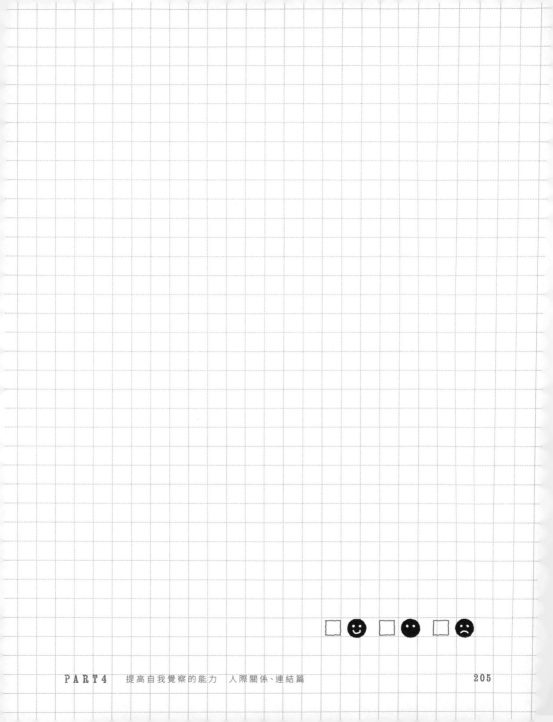

□ ☺ □ ⬤ □ ☹

給 你 的 訊 息

▼

因為周遭沒有相同價值觀與興趣的人而感到寂寞時

由於疫情使得許多企業採取遠距辦公模式，我們的生活型態發生劇烈的變化。

其中自然有因為疫情帶來的優點，例如原本必須每天人擠人通勤的日子減少了，不必勉強參加那些躲都躲不掉的職場應酬交際。

但相對的，可能也有很多人感受到與外界接觸，以及與他人對話的機會減少了，無法在辦公室交換情報，或和同事一起用餐閒聊平時不可能涉獵的領域等等。

遠距辦公使得人與人之間聊工作以外話題的機會自然跟著消失，例如與嗜好相關的話題、看了什麼樣的電影、去了哪些地方等等。或是談談彼此的價值觀、接觸興趣相投的同伴的機會也變少了。

想必也有人在疫情流行之前，基於嗜好而參加的聚會或定期練習，也因為疫情的關係而中斷。

　　正因為這樣的狀況，為了消除自己的孤獨感、擴展變得狹隘的活動範圍，何不更進一步投入現有的興趣，又或是開始嘗試新的活動呢？

　　例如「Peatix」網站是發布網路或實體活動，以及招募參加者的平台，透過它，就能迅速找到自己感興趣的活動。
　　另外，透過類似「巷口學院」（street-academy）的網站，可以找到各種不同領域的老師，可以更深入研究自己的嗜好，也可以輕易地找到有相同興趣的人互相學習的項目。

　　根據幸福學的相關研究，人如果能參與工作、嗜好、社區交流、志工活動等多種社群，擁有各種類型的友人，對生活會感到更滿足。因此，不妨增加各種類型的朋友，能為你帶來嶄新的幸福生活型態。

　　以寫下關於拓展人際圈來增加幸福感的正念書寫為契機，尋找有相同價值觀與興趣的新朋友吧！

正念筆記 DAY 44

▼

1 　列舉以往曾經參與的有趣嗜好、活動。

2 　列舉在今後的人生中，希望展開的新嗜好、活
　　動。

□ ☺ □ ◉ □ ☹

給 你 的 訊 息

▼

關心別人可以療癒自己

　　「孤獨」已然成了國際性的社會課題。日本繼英國之後，成為全球第二個設置「孤獨、孤立對策事務大臣」職務的國家，試圖以國家的力量來解決這個問題[*]。

　　尤其是新冠肺炎疫情爆發後，生活型態的變化及各種活動限制，使得感覺孤獨的人增加，其中應該有許多人在平時的生活中，雖然有伴侶、家人、朋友，但依然感到孤獨。

　　正念造詣頗深，並出版許多作品的曹洞宗僧侶藤田一照，他面對孤獨的見解是：

　　「首先，人必須正視從一出生就與他人有連結，但同時也是孤獨狀態的事實。」

借用他在訪談時所說的這句話，也就是說，我們必須去回想原本就與我們就有連結的人。

曾有一項針對某家飲料製造商員工所進行的有關消除孤獨的調查。其中，因為和人交流帶有關懷的言語、對人說出這些關懷話語的「給予者」，能改善憂鬱的心情，也能提升對生活、工作的滿足感。而聽到這些關懷話語的「接受者」，也覺得更加幸福，並且更願意對其他人說出關懷的話語。

如果你有伴侶、家人或朋友，卻依然感到孤獨，不妨先對近在眼前的伴侶、家人或朋友，表達你對他們的感謝，或是體貼他們的話語。

即使只是這樣小小的一件事，日積月累也有可能改變你的心情。

而且，你這樣的行為也能成為日後對方向你說關懷話語的契機。

當這樣的情況一再重複，或許就能一點一點地消除自己的孤獨感。

首先，以自己作為起點。

---

* 英國於2018年設立「孤獨大臣」，目的在於治療國民的孤獨病。

正念筆記 DAY 45

▼

1　對於家人、朋友、身邊的人，寫下所有你想到的
　　感謝或關懷他們的話語。

2　把這些話語在適當的時機告訴他們。

產 生 「 為 什 麼 他 不 願 意 為 我 改 變 ？ 」 的 想 法 時 的 處 方 箋

　　雖然明知「不可能改變一個人」，但還是希望對方為你改變，卻又不知道該怎麼辦才好。不知不覺間，這樣的想法在你心中已經潛藏好幾個月。

　　一開始，先確定是否該毫不猶豫地採取行動。
　　如果對方的行為涉及違法，或是你抑或對方的身心處於病態甚至可能危及性命，就必須採取安全防範的行動，例如向相關的機構求助，或與對方斷絕關係等。

　　除此之外，「希望對方改變」多半只是「我希望他照著我期待的去做」，這種源於你自身的期望而已。
　　比方說，因為負面思考而時常痛苦的友人、總是吃太多而過胖的家

人……即使你自認是為對方著想，背後因素其實不是基於「因為看到你痛苦的模樣，我也跟著變得難受，所以希望你能改變」吧。

只要能承認這一點，你就容易拋開對他人不合理的期待。

或是某個人背地裡對你蜚短流長，你必須一一澄清闢謠，面對這些荒謬無稽的情況，你數次強烈希望對方改變，但其實你很清楚改變不了任何事。

了解這些狀況後，把「為什麼他無法為我改變」的問句，轉換成「什麼才是最聰明而真正有效的做法」，這麼一來，你就能找回自己的重心，探索出有智慧的對策，改變心態。

例如，當你發現自己過度擔心某個正深陷痛苦中的人時，你就要採取不干涉、只在一旁靜靜守護的態度。即使對方吃了苦頭或失敗，或許那也是他成長或療癒過程需要的經驗。而且這些只有當事人才會了解，所以你不妨自我克制，在一旁守護即可。

有時也會遇到似乎不喜歡你的人，這時候不妨天馬行空想像一下，對方可能基於某個理由必須藉著指責你來讓他感到快樂。這麼一想，或許你會轉念。

問題或許無法徹底解決，即使如此，也不仰賴對方，而是積極冷靜地思考。在實踐過程中學到的經驗及膽識，想必能讓你越來越有智慧且更有魅力。

正 念 筆 記 DAY 46

▼

1 想想那些你希望他改變的人，寫下你希望他有什麼改變？

2 爲了對方或你自己，什麼才是最聰明而且確實有幫助的事？把浮現腦海的想法如實寫下來。

□ ☺ □ ⚫ □ ☹

給 你 的 訊 息

▼

與他人建立信賴關係的方法

「成為社會人士，開始工作以後，在職場上就沒有能說真心話的
人。」

「學生時代明明就還有能夠相互交心，無話不談的朋友。」

似乎有不少人有類似這樣的感受。身旁沒有可以說真話的知音，或
是沒有能夠互相信賴暢所欲言的對象。

尤其遠距工作變得普遍，如同以往那樣面對面與人談話的機會大
減，與他人之間的連結變得疏遠，感覺孤獨的人增加了。

能說真心話，就表示能在對方面前敞開心胸，彼此的溝通建立在穩
固的信賴關係上。

對彼此的言行有共鳴→向彼此敞開心胸→產生信賴關係

通常由衷信任某個人都是經由這樣的階段。

然而，要能夠讓對方產生共鳴，必須積極講述、表現自己。平時在工作場合，如果除了工作沒有其他交流，對方通常也無法充分理解你是個什麼樣的人？你重視哪些事情？

何況，平時你對其他人有多少興趣、關心？你是否對他人表現出同理心？

說出真心話，建立信賴關係的起點在你身上。

首先要敞開自己的心扉，坦誠地吐露自己的事情，對於他人，先主動表現出同理心，並信任他人。若是能持續保持這樣的態度，對方也會對你坦誠相見，覺得安心而對你暢所欲言，不是嗎？

必須由你主動打開心扉，對他人建立同理心，信任他人。

實踐接下來的正念書寫的內容，試著找出和對方的共通點。

當你能提高對他人的興趣與關懷，先從「最近某某某怎麼樣了？」等簡單的問題開始，由你跨出與他人建立信賴關係的第一步吧！

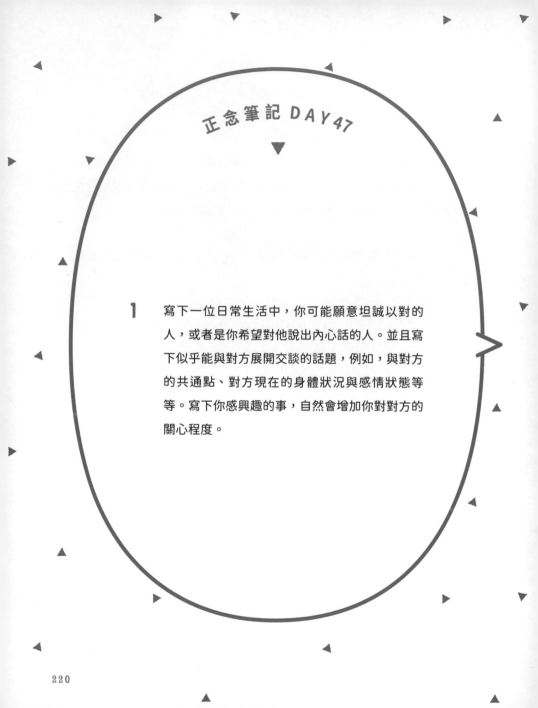

正念筆記 DAY 47

1 寫下一位日常生活中，你可能願意坦誠以對的
人，或者是你希望對他說出內心話的人。並且寫
下似乎能與對方展開交談的話題，例如，與對方
的共通點、對方現在的身體狀況與感情狀態等
等。寫下你感興趣的事，自然會增加你對對方的
關心程度。

日期：

給你的訊息

如何與重要的人保持良好關係

　　或許有很多人覺得與配偶、伴侶等，這些經年累月一起生活、朝夕相處的人，在平時的生活中彼此有隔閡，或因為想法有差異而感到煩躁，時常爭吵。

　　原本是因為有同樣的價值觀，或是想法有強烈共鳴、有相同的興趣，所以才同住一個屋簷下；或是彼此有尊敬對方的因素，所以才成為彼此生命中重要的人，不是嗎？

　　只不過，當長時間在一起之後，這些原本存在的共通點或尊敬的因素，在不知不覺中變成「理所當然」，在茶米油鹽的平淡生活中逐漸被忽略了。

　　而且，和有共通點的對象在一起的時間越長，越容易變得只把目光

聚焦在與自己的差異上。

　　不被認同、理解不夠，內心出現的全是對於另一半的指責。並且因此而煩躁甚至導致吵架。

　　彼此有共通點，有著能尊敬對方的原因，其實是極少數而珍貴的一件事。

　　「謝謝你」的相反詞，也可以說是「理所當然」。

　　日文中用來表達感謝他人的「ありがたい」（難能可貴），就是因為發生的人、事、物極為少見、幾乎不會發生，因而內心湧現感激的情感。

　　實踐正念書寫時，很重要的一個關鍵，就是你真正關注的是什麼，必須抱持自己的意志去做選擇。

　　你是要選擇在不知不覺中，只注意和對方的差異而變得煩躁？還是再次去發現和對方的共同點、尊敬點（難能可貴之處）？或是重新去感受昔日曾有的感謝？或與對方的相知相識？全憑你自己決定。

　　雖說是重要的人，畢竟是和你不同的個體。試著去培養出一個能接納與對方差異的自己吧！

正念筆記 DAY 48

▼

1　請寫出自己與重要的人之間的差異。

2　寫出自己與重要的人之間有什麼共同點，以及你
　　尊敬對方的原因。

● 1、2項寫出來以後，你要將注意焦點放在哪一
　　項，做選擇的，就是此時此刻的你。

正念筆記 DAY 49

▼

1   回顧第7週寫下的正念筆記，你有什麼發現呢？
無所顧忌地寫下來看看！

正念筆記 *DAY 50*

▼

1　從今天開始是第8週。

　　我們將進入正念筆記最後一週。

　　你想要有什麼樣的一週呢？

　　將現在內心浮現的想法寫下來吧！

給你的訊息

試著去面對自己的「隱性偏見」

　　不論工作或私生活，總會有一、兩個與你意氣相投，不需要談論細節就能理解你的人。

　　但另一方面，身邊也總少不了有些人，令你感嘆：「為什麼跟他無法溝通呢？」、「為什麼做不到呢？」令你忍不住懷疑他的常識有問題，必須在一些理所當然的行為耗費多餘的時間。

　　但之所以會有「跟他就是無法溝通」的人，也有可能原因並非出在對方，而是在你身上。

　　近年來「unconscious bias」（隱性偏見）一詞開始受到國際上的重視，這個詞彙直譯就是「無意識的偏見」。指的是自己並未覺察，卻對於社會、人、事、物存有偏見。

隱性偏見，是人類才有的特質，指在日積月累下，不知不覺中成為當事人具有的常識或判斷的前提。

　　此外，隱性偏見會形成歧視，與周遭的人產生溝通上的偏差。並且妨礙發想創意。換句話說，也是阻礙重要發現的主因。

　　因此，當你認為「跟這個人就是無法溝通」，有可能只是「你自以為是的偏見」。

　　何況，說不定對方也因為他的隱性偏見，同樣對你有著「跟這個人就是無法溝通」的想法。

　　為了消弭隱性偏見，首先必須理解隱性偏見是任何一個人多多少少都會有的，其次是覺察自己有什麼樣的隱性偏見，並且看出他人（或是社會、團體）的隱性偏見是什麼。

　　只不過，要覺察自身的隱性偏見極為困難。

　　首先試著寫出接下來的正念筆記，從他人的常識、判斷事物的前提，回想對方的行為與自己的想法。只要以摒除偏見的觀點行事，或許就能重新去看這個世界。

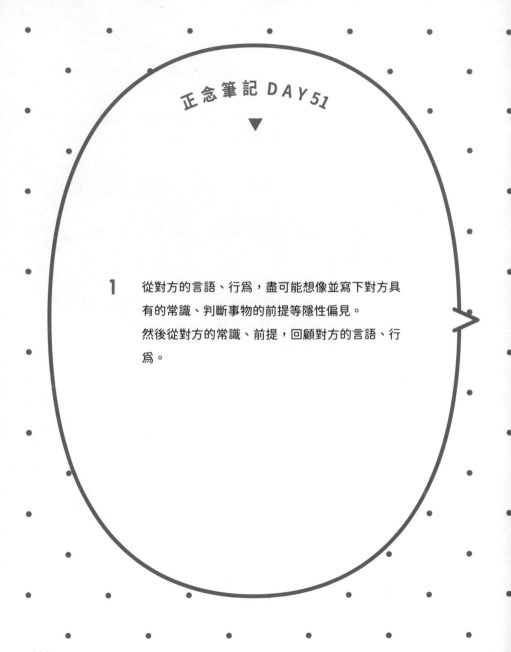

正念筆記 DAY 51

▼

1 　從對方的言語、行為，盡可能想像並寫下對方具
　有的常識、判斷事物的前提等隱性偏見。
　然後從對方的常識、前提，回顧對方的言語、行
　為。

給 你 的 訊 息

與 討 厭 的 人 相 處 的 方 法

　　只要活著就會遇見各種人。有時候難免必須在職場或生活中，和你覺得討厭、盡可能想和對方保持距離的人一起工作或執行計畫。

　　這樣的人如果是你職場中的上司、同事或部下，你一定會覺得很麻煩，對吧？

　　比方說，一天到晚看起來煩躁、嚴厲的人，或是價值觀不合、頻率不一致的人等等。

　　這種時候最不應該做，但我們卻容易誤犯的錯誤，就是勉強去配合、迎合或揣測對方。

　　由於這麼做，我們將會迷失自己、傷害了對自己而言最重要的事物，更是形成壓力的最大原因。

我們該採取的基本對策是正念思考。

當你好像會受到討厭的人影響時，先做幾次深呼吸，恢復此地此刻自己原本該有的呼吸節奏，以及放鬆身體，找回原本的感受。

接著，先擱置當下出現的自我評價、判斷，不要立刻反應，冷靜地選擇自己的行動、發言。

另外一個與對方接近的方式，是對於你不擅長相處的對象，嘗試帶著同理心與對方相處。

當我們找出與對方的共通點時，就能正面地提高對於對方的興趣與關心，能敞開心胸，做好體貼對方的準備。

試著進行以下的正念書寫，找出與對方的共通點，即使是你不擅長相處的對象，也會重新發現他是與你有共同點的朋友。

正念筆記 DAY 52

▼

1 帶著好奇心去發現你與不擅長相處對象的共通點，只要是在你能想得到的範圍即可，寫下來吧！

接著，想像一下有共通點的同伴。

比方說，相同的出身地區、在同樣的公司上班、興趣相同、同樣有小孩、有同樣愛吃的食物。其他還有任何人都會有的共通點。例如，同樣是人生父母養的、呼吸同樣的空氣、同樣希望獲得幸福、同樣在人生中感受悲歡離合等等。

☐ 😊 ☐ 😐 ☐ ☹

給 你 的 訊 息

▼

想 有 好 心 情 就 靠 自 己

　　每個人可能都有過類似的經驗，覺得為了團隊、家人、友人，所以妥協自己的意見，承接興趣缺缺的工作等。

　　但是這類的情況如果頻頻發生，心情因而變得亂糟糟，那就是你必須停止，不能再放任這種情況不管的時候。

　　「我這麼努力，某某人卻……」

　　「都因為某某人，所以我才會遇到這麼不公平的對待。」

　　如果你的內心浮現這些想法，你應該要注意到，你正在把自己的心情或幸福的責任轉嫁給對方。不論希望對方有什麼改變，都只是白白浪費你的精力。

　　「雖然發生了很多事。今天是美好的一天。」總結下來每天都能這麼想的責任與掌舵者，不在其他人，而在你身上。

為了取回你心情的控制權，希望你參考以下兩個做法。

● 實際狀況是什麼？真正在忍耐的只有你自己嗎？為了
　促進彼此的理解，定期進行雙方的溝通吧！

不論工作或家庭，有可能對方其實不知道你正在做的事，或是對方其實也在為你做什麼、正在為你而忍耐，但你卻不知道。所以為了更理解彼此，請坦白地討論彼此想怎麼做。

● 把注意焦點，從不滿的對象持續轉移到真正該做，
　或是愉快的事。

這並不是迴避或逃避，而是重新將大腦迴路設定為有建設性的方向。對於不滿，不論怎麼思考，別說解決不了問題，只會強化負面感情，讓當天的心情更差，更加看不清真相。透過運動、冥想、接觸大自然，研究或參考經過證明的可行方法，以你自己的方式讓大腦及心情都煥然一新吧！

每一天的心情要靠你自己來掌握，這才能證明你是一個成熟的大人。為了擁有愉快的人生，再也沒有比這個更重要的技巧了。

正念筆記 DAY 53

▼

1　讀了以上訊息後，你對自身的狀況有什麼感受？
　　毫無顧忌地寫下來吧！
　　另外，實際上要不要進行可以先保留。請先自由
　　地寫寫看，做什麼樣的事情對重整你的心情有幫
　　助？

給 你 的 訊 息

▼

停 止 自 我 貶 抑 後
所 產 生 的 心 理 變 化

　　我們之所以會貶抑自己，就是因為和別人比較，或是直接面對挑戰、改變，甚至質疑自己的能力，因而感到不安，反射性地自我貶抑，所以才會產生「我真是沒用」的感受，不是嗎？

　　不安會引起稱為負面偏見的認知扭曲，讓人的想法更悲觀地往矮化自己的方向嚴重傾斜。另外，也會降低對自己或周遭的期待，以至過度恐懼去承擔風險。

　　此外，由於日本文化崇尚謙虛的美德，影響所及也讓許多日本人容易過度貶抑自己。

　　自我貶抑會發生「雙重束縛」（double bind）這種麻煩的心理狀況。

　　比方說，看到友人得償宿願，出書的夢想終於實現時，你卻感到自尊心受損而貶低自己：「我真是毫無才能。」並且產生焦躁的情緒，覺得：「我必須表現得傑出優秀」、「我一定要讓自己的才能發揮！」

但是，當你捫心自問究竟「是優秀傑出，還是能力平庸」的二擇一問題時，你是否依然不情願地選擇能力平庸？或是要你提起勇氣選擇「優秀傑出」時，你卻覺得十分困難？

在這兩個極端矛盾中做選擇感到左右為難，無論怎麼做怎麼錯，只有壓力持續增加，這就是雙重束縛。

要遠離這些圈套的第一步，首先，你必須覺察和理解，與人比較而導致自我貶抑，是一種習慣。

停止用負面的言語去畫地自限、為自己下定論。

不論什麼樣的特徵，都只是你這個人的一部分，只要身而為人，任何人都同時具有「無能與有才」、「溫柔與冷酷」、「大膽與小心」等正反兩面的極端特徵或資質。

因此，就如同「我＝無能」般，把特定的某個特徵完全與自己畫上等號，即使是一個正面的資質，在根本上也是錯的。既然是雙重束縛，怎麼做怎麼錯，就不必勉強做二擇一的選擇。

當你內心浮現「反正我就是這麼沒用」的想法時，不妨轉化成另一個表現，告訴自己：其實我就是無比重要。

然後，放開「畫地自限」的束縛，將重新取回的心靈能量貫注在此地此刻，繼續專注把當下的一刻做到最好。

這麼一來，你內在的良好資質出場的機會就能增加，未知的可能性得以開花結果，鍛鍊出一個真正的你。

正念筆記 *DAY 54*

▼

1　回想貶抑自我的情況，並試著做做看如下的正念
深呼吸。

　①輕柔地把深呼吸送到身體緊繃的部分，接納認
　　同內心的不安。

　②下一個深呼吸，感受自己確實存在此地此刻，
　　練習接受人不能用言語劃地自限這件事。

　③再做一個深呼吸，問問自己，依你的直覺，現
　　在最重要的是什麼？平靜地接納這個答案。

─────────────────────

2　進行這次的正念呼吸，對你而言是什麼樣的經
驗？毫無保留地寫下來吧！

給你的訊息

停止說出「不該說的話」

　　完全不在意他人的感受，口無遮攔而傷害了對方，使對方覺得不愉快。一再重蹈覆轍後，因此反省自己的口不擇言，陷入自我厭惡。有這種情況的人想必不少吧？

　　一時衝動，或雖然有覺察到卻克制不住的行為，是人在不定狀態時，下意識反應的典型「自動操縱模式」。

　　試著回想，自己在毫不顧慮他人的心情而口不擇言的當下，其實就是內心焦慮、混亂、緊張而全身緊繃，導致沒有餘力去顧到他人的感受。換句話說，這種情況下的你，完全只考慮自己，無暇他顧。

　　如果一直處於這種狀態，絕對不可能擁有良好的人際關係。要是發

生在工作場合，會令人認為你是一個難以共事的人。

　　首先，從平時就要讓自己的心情維持某種程度的餘裕。因此，先試著養成放鬆呼吸的習慣，慢慢吸氣、慢慢吐氣。不論在家中或辦公室，只要一留神便進行一次深呼吸。邊進行深呼吸，邊確認自己的身心是緊繃？還是擁有適度的餘裕？

　　尤其是想傳達訊息給他人時，不妨先養成先深呼吸的習慣。這麼一來，或許就能跳脫絲毫不在意他人的心情而口不擇言，傷害別人又厭惡自己的惡性循環。

　　透過接下來的正念書寫確認你的行為模式，回顧看該怎麼說話才恰當？

正念筆記 DAY 55
▼

1   回想最近曾發生過的，不顧他人心情而口無遮攔
    的自己。當時你的身體、內心、頭腦是什麼狀
    態？盡可能仔細寫下當時的狀況。

2   假設當時能夠在顧慮對方心情的情況下交談，你
    將會告訴對方什麼？想一想你可能選擇的詞彙、
    表情、語調高低，記錄下來。

正念筆記 DAY 56

▼

1 　恭喜！你已經完成所有的正念筆記。
　　回顧之前的內容，你的內心有什麼樣的覺察？今
　　後希望採取哪些做法？隨心所欲地寫下來。

結 語

你的內心必定有解答

　　與數個月前相比，我身處的環境發生很大的變化，過去認為天經地義的事情變得不再理所當然，對生活與工作感到迷失方向，進退維谷。我們已迎接這個變化激烈的時代。

　　這本書其實就是在這樣的背景下誕生。

　　過去我們曾出版關於正念冥想的手帳：《正念書寫日誌》。許多讀者回饋以下想法給我們：「一直都在使用」、「養成了正念的習慣」、「也期待明年能繼續使用」……令我們感到十分開心。

　　然而，在時代潮流中，原本負責的出版社也有苦衷，所以《正念書寫日誌》的出版計畫暫停。

　　「有那麼多期待出版的讀者在等著」、「好不容易養成正念書寫習慣」……對於這些期待新書的讀者，究竟該如何說明？我們進退失據。

　　就在這時候，一起跑步的同伴中，有一位以前負責 MiLI 書籍的 K

編輯扮演關鍵角色。我在專注跑步之際，突然靈機一動，想到：「對了！可以找Ｋ編輯商量看看！」我聽從這個直覺，忍不住當場對Ｋ編輯說：「想跟你說件事……」這本書因而誕生。

我們幾乎每天都在為企業舉辦教育訓練，由參加者實踐正念書寫。從二〇一三年開始舉辦活動至今，體驗過正念書寫的人士已達數萬人。

「長久以來一直陷入沮喪，終於抓住重新振作的契機」、「即將在人生道路迷失方向的前一刻，得到發現新道路的指引」、「對他人憤怒的原因，其實出在自己的內心」等，這些是一部分實踐正念書寫的讀者所分享的感想。

科學的研究及證據加強我們的意志與自信，而能夠把這本書獻給各位的理由，就是因為來自上述這些實踐正念書寫的讀者回饋給我們的覺察。

在這個令人混沌迷惑的時代，即使快要迷失方向，也不妨先停下腳步，去面對此地此刻的自己。接著利用手邊的紙和筆，把內心的想法及思考化成文字，並回顧自己所寫出的內容。

重要的是，所有答案必然在你的心中，即使現在你無法立刻發現，只要不放棄去探尋，相信你一定能找到答案。然後，另一件重要的事情，就是將你藉由正念書寫而在內心湧現的能量，化為實際的行動。

在本書最後，我要感謝日本能率協會管理中心的加藤實紗子女士，謝謝她傾力協助編修拙文，並分享她自身經驗，提供我們許多文稿的點子。

另外，也要感謝企畫本書出版的柏原美里（K編輯），謝謝她統籌本書企畫，為一度失去方向的我們，及實踐正念書寫的讀者拓展新的康莊大道。

也藉此對MiLI的成員吉田典生、桐林千登勢、中村悟等人表達對他們的感謝，今後我們也要一起開創更美好的世界。

木蔵Shafe君子

荻野淳也

正念領導力機構

令和四年（2022年）三月

參 考 資 料 -

《正念書寫日誌2021》(マインドフルネス ダイアリー 2021，Discover Twenty One 出版社，2020年出版)

《以手寫引出知性》(「手で書くこと」が知性を引き出す，文響社，2017年出版)

〈新冠疫情下的自殺防範：出家人採取行動防範孩子孤立無援〉(「コロナ下の自殺防止、お坊さんが動く 子供らの孤立防ぐ」，《日本經濟新聞》報，2022年1月20日)

〈人類與生俱來的相互連結與孤獨〉(「人は生まれながらにつながり、孤独でもある」，《哈佛商業評論》雜誌，2018年6月號)

作　　者	木藏Shafe君子、荻野淳也、正念領導力機構
譯　　者	卓惠娟
社　　長	陳蕙慧
責任編輯	翁淑靜
校　　對	沈如瑩
封面設計	比比司工作室
內頁排版	洪素貞
行銷企劃	陳雅雯、林芳如

讀書共和國集團社長	郭重興
發 行 人	曾大福
出　　版	木馬文化事業股份有限公司
發　　行	遠足文化事業股份有限公司
	231新北市新店區民權路108-4號8樓
電　　話	（02）22181417
傳　　真	（02）86671065
電子信箱	service@bookrep.com.tw
郵撥帳號	19588272木馬文化事業股份有限公司
客服專線	0800-221-029
法律顧問	華洋國際專利商標事務所　蘇文生律師
印　　刷	呈靖彩藝有限公司
初　　版	2023年2月

定　　價	360元
Ｉ Ｓ Ｂ Ｎ	978-626-314-344-9（紙本書）
	978-626-314-346-3 （PDF）
	978-626-314-347-0 （EPUB）

一筆一劃，減壓正念筆記
每天5分鐘，消除煩躁、走出迷惘、重獲自信，
找回真實自我的書寫魔法
心のモヤモヤを書いて消す マインドフルネス・ノート

一筆一劃, 減壓正念筆記: 每天5分鐘, 消除煩躁、走
出迷惘、重獲自信, 找回真實自我的書寫魔法 / 木藏
Shafe 君子, 荻野淳也, 正念領導力機構著; 卓惠娟譯. --
初版. -- 新北市: 木馬文化事業股份有限公司出版: 遠足
文化事業股份有限公司發行, 2023.02
　面；　公分
譯自：心のモヤモヤを書いて消す マインドフルネス・
ノート
ISBN 978-626-314-344-9(平裝)

1.CST: 生活指導 2.CST: 靈修

192.1　　　　　　　　　　　　　　111020948

Original Japanese title: KOKORO NO MOYAMOYA WO
KAITEKESU MINDFULNESS NOTE
Copyright © Kimiko Bokura, Junya Ogino 2022
Original Japanese edition published by JMA Management Center
Inc.
Traditional Chinese translation rights arranged with JMA
Management Center Inc.
through The English Agency (Japan) Ltd. and AMANN CO., LTD.
Complex Chinese Translation copyright © 2023 by Ecus Cultural
Enterprise Ltd.
ALL RIGHTS RESERVED